L'INDE DES PARADIS PERDUS, Amicalement

[illegible]

le 4 Nov. 91

DU MÊME AUTEUR

L'INDE INEXPLORÉE *(Arthaud).*

L'INDE IMAGES DIVINES *(Arthaud).*
En collaboration avec Pierre Rambach.
MAMBAKAN ET VELOU *(John Day, New York).*
AU PAYS DES FEMMES-GIRAFES *(Arthaud).*
AU VILLAGE DES COUS DE CUIVRE *(Éd. de Navarre).*
KONARAK *(Club du Livre Précieux).*
L'INDE AUX MILLE VISAGES *(N.P.K. Genève).*
IMAGES DE BIRMANIE *(N.P.K. Genève).*
SPLENDEUR ET CRÉPUSCULE DES MAHARAJAHS *(Hachette).*
GEISHAS ET MANDARINS *(Beckers, Anvers).*
FABULEUX JAPON *(Hachette).*
TRÉSORS DE L'INDE *(Hachette).*
15 ANS D'AVENTURES AUX INDES *(Flammarion).*
UN ROYAUME EN OR *(Flammarion).*
SULTANES, HAREMS, DE MALAISIE *(Éd. de Bruxelles).*
L'INDE DES AHURISSANTES RÉALITÉS *(Robert Laffont).*
L'INDE IMPUDIQUE DES MAHARAJAHS *(Robert Laffont).*
MERVEILLES ET MYSTÈRES DE L'INDE *(Éd. Marssac).*
En collaboration avec Jean-Noël de Golish.
L'INDE SACRÉE DU GANGE *(Éd. Marssac).*
En collaboration avec Jean-Noël de Golish.

VITOLD DE GOLISH

L'INDE DES PARADIS PERDUS

Photos
Jean-Noël de Golish

ÉDITIONS ROBERT LAFFONT
PARIS

Les photos de cet ouvrage
relèvent de la collection de l'auteur, à l'exception de la photo, au centre de la page 2 du cahier. Palais moli-Bagh de Patriala qui appartient à Vendôme Press, New York.

ISBN 2-221-05704-X

à mes petits-enfants
Alexandre et Jeanne

Si extraordinaires que puissent paraître quelques-uns des faits relatés ici, ils sont strictement authentiques. Cependant, étant donné les liens d'amitié qui unissent l'auteur à certains princes et princesses, celui-ci a préféré changer leurs noms.

Chapitre 1

C'était dans l'ouest de l'Inde, à l'aube du jour de la première lune d'été de l'an 1973. Une dizaine de maharajahs étaient réunis dans l'immense palais du plus prestigieux d'entre eux, Raghoubir du Rajasthan, le dernier Fils du Soleil. Tous ces descendants des plus grandes divinités hindoues avaient parcouru des centaines de kilomètres pour écouter un « sadhou », Bagiratha, le Sage des Himalayas.

Ce vénérable vieillard affirmait que la sécheresse et la disette qui sévissaient depuis des mois dans cette partie de l'Inde étaient causées par l'état de santé alarmant du Gange. « Ses eaux sont au plus bas, le fleuve sacré est très malade, disait-il. Le moyen infaillible de le guérir est d'y verser, le jour favorable, le lait de mille et une vaches blanches... »

Dans l'antichambre de la salle du grand conseil, le prince Amresh, maître de cérémonie, d'autres dignitaires de la cour et moi-même attendions la décision des maharajahs. Malgré mon solide optimisme, j'étais sceptique : Je n'arrivais pas à croire qu'un sadhou, aussi réputé fût-il, puisse en quelques jours réunir mille et une vaches sacrées devant avoir de surcroît la peau d'une lumineuse blancheur, les oreilles pointues et la langue rose pâle, les trois attributs de la Kamadhenou, la Vache Céleste, « Celle qui satisfait tous les désirs ». Celle que l'on invoque sous mille et un noms : « la Bien-

Aimée, l'Unique, l'Irremplaçable, la Fidélité, la Patience même... »

Le projet de Bagiratha n'en fut pas moins adopté à l'unanimité. Tous les rois regagnèrent leurs anciens États pour rassembler les animaux et les conduire ensuite vers le monastère appartenant au maharajah Raghoubir, situé non loin des sources du Gange. Raghoubir lui-même décida de s'y rendre avec toute sa famille, sa cour au complet et la cinquantaine de vaches ayant les caractéristiques requises pour les Écritures, chacune choisie par les prêtres dans ses nombreuses fermes.

Les astrologues décrétèrent que le grand départ aurait lieu une semaine plus tard exactement, alors que le palais bénéficierait des influences de Jupiter, la planète la plus favorable à la famille royale...

A peine le jour fatidique commençait-il à poindre que les participants se soumirent à des rites de purification très élaborés. Faisant partie du pèlerinage, j'attendais patiemment qu'ils aient pris place dans les voitures et que la cour d'honneur fût totalement obscure ainsi que me l'avait demandé la veille le maître de cérémonie : « N'y voyez aucune discrimination à votre égard, s'était-il excusé, c'est pour ne pas retarder notre départ... »

Si les habitants du palais, dûment purifiés et sanctifiés par les brahmanes, m'avaient en effet croisé, ils eussent été contraints de recommencer les rites ! En tant qu'Européen, ex-carnivore, quoique gratifié d'un titre indien et parfumé à la « française », je restais impur...

A quatre heures du matin exactement, je quitte ma chambre, suivi d'un porteur chargé de mes bagages. Le couloir est vide et silencieux. Je suis désormais seul dans cet immense palais qui, quelques minutes auparavant, résonnait d'appels et de cris. Princes et princesses houspillaient les domestiques bouclant mal les bagages, tandis que les ayahs, les nourrices, chantaient pour apaiser les pleurs des bébés. Tout le monde donnait des ordres, puis des contrordres à la grande joie des enfants qui les imitaient en courant. La lourde porte principale vient de se refermer, mais ses gardiens, qui m'attendaient, me font passer par un petit battant donnant sur la cour d'honneur. Pas de doute, j'étais bien le dernier à quitter les lieux.

Au risque de rater une marche, je scrute dans la pénombre la longue file de voitures, tentant de repérer celle dans laquelle je vais voyager. Leur nombre me stupéfie : Quarante? Cinquante? Ce n'est plus un pèlerinage, mais un exode! Les silhouettes de leurs passagers, déjà installés, se dessinent à la lueur fugace des lampes de poche, seul éclairage autorisé, m'avait-on dit la veille, afin de ne pas épuiser les accumulateurs des véhicules, en prévision d'un départ rapide.

– Vous voyagez dans la deuxième voiture, juste après la limousine du maharajah, me chuchote Velou, mon fidèle serviteur...

Je situe la limousine grâce aux clignotements de ses phares jaunes dont le halo, réfléchi par la brume matinale, enveloppe la carrosserie dorée, transformant la voiture en un gigantesque scarabée mal réveillé, papillotant des yeux. Le maharajah est bien visible à la lumière des plafonniers sur la banquette arrière dont traversins et coussins ont fait un trône improvisé.

Dieu vivant pour des millions d'hindous, cet homme hors du commun vient de fêter son cinquantième anniversaire. Très grand, taillé dans la masse, il porte toujours des turbans aux couleurs chaudes qui accentuent le teint mat de son visage, égayé par une fossette au menton et des yeux bleu-noir très expressifs. Il ressemble quelque peu à Rajiv Gandhi.

Je m'approche de sa limousine pour lui présenter mes respects matinaux... Devant la portière droite grande ouverte, quatre hommes figés comme des statues, dont un vieillard qui, une conque blanche à la main, scrute le ciel. C'est Swami, l'astrologue principal... Sa toge rouge le distingue de ses assistants en robe brune qui couvent des yeux le maharajah et ses deux épouses lui faisant face, blotties dans de petits fauteuils. Elles sont occupées à trier des grains de riz. Le maharajah, coiffé d'un turban orange, porte la traditionnelle toge de même couleur, à manches bouffantes, bordée d'un liseré d'or. Un châle gris protège son cou, car il fait très frais. Au Rajasthan, « la nuit meurt dans le froid du chacal », dit le proverbe local... Il est plongé dans le Grand Rêve; ainsi appelle-t-on le rite de concentration qui précède chacun de ses déplacements importants. Ses bras sont largement écartés et ses mains, paumes offertes au ciel, reposent sur les accoudoirs, ou plutôt sur des grains de riz, blancs, jaunes, verts et rouges, disposés en petits arcs-en-ciel par ses épouses.

Si je n'avais pas remarqué le jeu habile de ses doigts, composant de mystérieuses figures, j'aurais pu croire qu'il dormait. Mais non, il converse avec ses aïeux comme un sourd-muet. Ce langage secret composé de moudras, ou gestes rituels, lui a été transmis le jour de son couronnement. Le dialogue muet s'achève sur la moudra de la conque, symbolisant le premier de ses ancêtres, le dieu du Soleil, Vishnou, à qui il demande ainsi protection.

Au tout début de mes séjours indiens, lorsque la lecture des gazettes locales m'informait de l'ascendance prestigieuse de certains maharajahs, je ne pouvais m'empêcher de sourire. Celui-ci n'avait-il pas pour ancêtre un dieu, celui-là une étoile, ou un fleuve, à moins qu'il n'eût une plante pour épouse! Encore des histoires orientales, pensais-je... Mais depuis, j'ai pris conscience de la prodigieuse exubérance de la nature indienne, avec ses montagnes, ses moussons, ses jungles, ses animaux, ses pierres précieuses, et de l'extraordinaire imagination de ses habitants. Désormais les titres de « Roi du Soleil et des Mille Eléphants », « Maître des Himalayas », « Seigneur des Émeraudes », me paraissent plausibles et suscitent en moi une admiration profonde.

Depuis que je suis l'hôte des maharajahs, je vis un rêve éveillé, moi dont le sommeil en est privé...

Un célèbre homme d'État affirmait que « tout ce qui est excessif est insignifiant », il ne connaissait sûrement rien de cette Inde où, justement, tout doit être excessif pour signifier quelque chose.

– Comment savoir que l'on se trouve devant un descendant du Soleil ? demandai-je un jour à Swami, le chef astrologue, qui soutenait que le maharajah Raghoubir était le dernier de la lignée.

– C'est facile, sahib Vitold, cela se voit à chaque instant. Le maharajah ne transpire pas des sourcils, il peut regarder le soleil les yeux ouverts, et aucune poussière ne s'attache à ses vêtements...

D'un pas mesuré, presque sur la pointe des pieds, pour ne pas troubler le maharajah et ses astrologues, je me dirige vers l'automobile de la reine mère, une somptueuse voiture française des années trente. Son père, qui résidait en France à l'époque, la lui avait offerte en cadeau de mariage. Prendre place fût-ce à côté du chauffeur dans la partie décapotée procurait un réel plaisir. De plus entre nos sièges il y a tellement de place que j'y case non seulement ma sacoche avec mes caméras, mon magnétophone et mes carnets de notes, mais aussi mon inséparable thermos rempli de limbou-pani, c'est-à-dire d'eau additionnée de jus de limbous, délicieux petits citrons verts. Une vitre opaline nous sépare de l'arrière de la voiture, où la reine mère, souffrante aujourd'hui, est allongée sur la banquette aménagée en lit. A ses pieds, assises en tailleur sur un épais tapis, veillent ses deux jeunes dames de compagnie aux prénoms charmants, Inspiration et Aspiration. Elles sont entre autres chargées d'alimenter le filtre du climatiseur avec des essences de pins des Alpes, arôme particulièrement apprécié par la reine mère.

J'ai certes vu des cérémonies surprenantes, au cours des années passées dans ce pays, mais c'est la première fois que j'assiste à un départ aussi solennel, aussi minutieusement organisé. Les rites et les préséances sont à ce point respectés que l'on a défini pour chaque membre du cortège, non seulement sa place et sa fonction, mais aussi la couleur de ses vêtements. J'ai réellement le sentiment de vivre un rêve et comme je crains qu'il ne s'arrête je fais très attention de ne pas commettre d'impair ou de faux pas.

Je n'ignore pas que le maharajah Raghoubir a placé ce pèlerinage sous la protection de la vache sacrée, la Mère de l'Inde, et c'est avec amusement que je vois arriver cinq autobus à impériale, récemment achetés à la municipalité de Bombay. Ces imposants véhicules, d'un rouge tout londonien, égaient notre caravane. Transformés en bétaillières de luxe, ils permettront de faire voyager, dans les conditions de confort exigées par leur dignité, une dizaine de vaches blanches, au rez-de-chaussée, tandis que nourriture et « accompagnateurs » prendront place à l'étage. La race de nos vaches requiert ces égards tout particuliers. Leurs flancs et leurs cornes sont protégés de l'humidité matinale et du froid par des couvertures et des manchons matelassés ; leurs joues sont préservées par des œillères en tissu ornées de petits miroirs en mica, dont le rôle est de chasser les esprits nuisibles en quête d'une nouvelle incarnation... Le nombre de ces animaux prouve l'importance que le maharajah attache à ce pèlerinage, mais de quel œil les jeunes membres de sa famille, diplômés d'universités européennes, voient-ils cette coutume ancestrale ? Leur vénération pour ces vaches cuirassées d'amulettes n'aurait-elle pas quelque peu fléchi, à une époque où l'Inde vient de lancer son troisième satellite de télévision ?...

La réponse vint plus tôt que je ne le pensais, lorsque le premier de ces ruminants qui paissait non loin de là se mit à faire pipi. Les occupants de la voiture la plus proche, l'oncle du maharajah, son épouse et leur fils, ingénieur-électronicien, plongèrent d'un même élan vers l'animal pour recueillir pieusement dans le creux de leurs mains le liquide ambré qu'ils lapèrent aussitôt goulûment, de peur que la cascade naturelle ne se tarît. Ce mouvement provoqua une ruée générale vers le reste du troupeau. On se bousculait pour s'emparer de la queue des vaches, que l'on actionnait comme le levier d'une pompe. A ma surprise, le truc marchait... Le nectar coulait, éclaboussant les saris et dégoulinant le long des pantalons jusque dans les souliers... Qu'à cela ne tienne! On se déchaussait pour aller offrir précautionneusement le précieux contenu, encore tout chaud, aux personnes âgées restées dans les voitures.

Les hindous croient sincèrement que l'urine de vache blanche, recueillie le matin d'un jour particulièrement favorable, devient un puissant remède contre le vieillissement. On a beau être diplômé d'Oxford ou de la Sorbonne, Premier ministre ou coolie, par la magie de cette pratique ancestrale on retourne à l'âge des Merveilles où règne le dieu de l'Éternelle Jeunesse, Krishna, qui offre cette eau de jouvence à ses parents et à ses épouses...

Notre chauffeur va lui aussi rôder auprès des vaches. Très croyant, il voudrait bien participer à cette libation sauvage, mais n'appartenant qu'à la petite noblesse, il doit s'effacer devant les membres de la famille royale. Cependant, en apercevant une vachette en train d'expulser sa bouse, il se précipite et en collecte une partie au vol. Il revient aussitôt à la voiture, en fait le tour puis, hors d'haleine, s'installe derrière le volant... Bien qu'intrigué par son manège, je ne l'interroge pas. Bavard comme je le connais, je suis sûr qu'il ne va pas pouvoir garder longtemps son secret...

– Nous n'aurons plus de crevaison, sahib, annonce-t-il fièrement, j'ai appliqué de la bouse fraîche sur chaque pneu! Puis, se penchant vers moi, il chuchote d'un air complice : J'en ai gardé un peu pour vos caméras...

Je souris : il se souvient que ma caméra était tombée en panne il y a de cela quelques années, au cours d'une cérémonie, et que le maharajah Raghoubir pour qui je filmais en fut fort mécontent... La bouse de vache protège « la santé des choses », et l'urine, celle des humains...

Raman est le prénom de ce chauffeur, « diplômé », aime-t-il à signaler, ayant fait un an de stage technique en Europe.

Trapu, âgé d'une cinquantaine d'années, il arbore en toutes circonstances un turban kaki. On peut dire de lui qu'il a une bonne tête et il le sait. Lorsque je suis monté dans la voiture, il m'a salué avec spontanéité, en baissant cependant la voix, pour que la reine mère ne l'entende pas à travers le tube acoustique placé au-dessus de son siège.

Selon les calculs de nos astrologues, quelques minutes sont encore nécessaires pour que le ciel s'ouvre aux rayons solaires et aux fluides émanant de Jupiter. On annonce justement son passage au-dessus du palais. En ma qualité de cinéaste et de chroniqueur de cet important pèlerinage, je jette un coup d'œil à ma montre et note sur mon carnet : « Quatre heures treize minutes, nous nous mettons en route... » J'aurais mieux fait de casser mon crayon ! On ne doit jamais anticiper les événements. Des nuages venus on ne sait d'où obscurcissent déjà le ciel...

Les secondes passent, puis les minutes, mais les nuages irrespectueux, loin de se dissiper, s'épaississent. Le prince Amresh, maître de cérémonie, jaillit de la limousine royale, examine attentivement le cortège, cherchant celui ou celle qui a brisé le tabou en changeant de voiture à la dernière minute. En vain. Pas un bruit, aucun mouvement désordonné ne peut se déceler dans le groupe de serviteurs entourant la grand-place. Il fonce alors vers les astrologues visiblement paniqués, et les engueule copieusement. Il ne les aime pas. Je suis bien entendu trop loin pour l'entendre, mais je sais qu'il tourne en dérision leurs prévisions et qu'il les rend responsables du désordre qui retarde notre départ.

Swami, le chef astrologue, l'accompagne jusqu'à la limousine royale. Par la portière ouverte, protégeant sa bouche avec le pan de sa toge, afin de ne pas avaler d'insecte en parlant, il dresse un état de la situation au maharajah et réussit à le convaincre que l'attente ne saurait s'éterniser. Dès lors le prince Amresh peut annoncer qu'un petit déjeuner va être servi et les tentes-toilettes dressées sans délai. Sage décision car les enfants, à l'étroit dans les voitures surchargées de bagages, commencent à s'énerver...

Parmi les scènes surprenantes dont l'« Inde hindoue » a le secret, la plus comique est à n'en pas douter la fixation aux portières des voitures de ces tentes-toilettes, ou tchota-shamiana. On commence comme de bien entendu par la limousine royale où ont pris place, je le rappelle, le maharajah Raghoubir, ses deux épouses et son cousin, le maître de cérémonie. La tente-toilette royale est la plus haute et la plus spacieuse. Sur les côtés et le dessus, la toile orange et jaune s'orne d'emblèmes représentant un disque solaire avec des yeux, un nez et une bouche, pour que les êtres terrestres et les divinités du ciel sachent que Raghoubir, le Fils du Soleil, satisfait ses besoins naturels au cours desquels il n'aime pas être dérangé...

A l'ordinaire, le maharajah use d'un vase en argent, mais ce pèlerinage réclame un faste particulier; aussi a-t-on extrait du coffre plusieurs vases en or massif. L'un très grand pour lui-même et deux autres plus modestes que les servantes ont déposés dans la tente personnelle de ses deux épouses. Ces servantes ne quittent pas leurs maîtresses... Elles les déshabillent, les « assistent » sur les vases, lavent leur derrière royal, les poudrent et les rhabillent.

Soudain, un « Hello Vitold » jaillit du tube acoustique de notre véhicule. La première dame de compagnie nous enjoint ainsi, au chauffeur et à moi-même, de ne pas quitter notre place pour l'instant. La reine mère se rend en effet dans sa tente-toilette placée autour du coffre arrière de la voiture. Celui-ci, en s'ouvrant comme une porte à deux battants, fait surgir automatiquement un magnifique bloc sanitaire en argent massif (exécuté par une célèbre marque d'argenterie française) dans lequel sont encastrés un lavabo et un vase d'aisances en limoges peint à la main.

Les pans de la tente aussitôt refermés, je descends et vais m'asseoir à quelques pas de la voiture sur une chaise pliante, très « metteur en scène hollywoodien », que Velou mon serviteur vient de sortir du camion où il loge. Il monte ma tente-toilette et y dépose le coffret carré en bois, contenant mon w.-c. en acier brossé pourvu d'un épais couvercle hermétique et d'un petit réservoir à eau. J'ai acquis cet ensemble ingénieux et très commode il y a vingt ans à Calcutta et ne m'en sépare jamais en Inde. Je l'utilise même pour « faire de l'eau » ou plus prosaïquement pour faire pipi, pour ne pas risquer de souiller un arbre, un chemin, ou même de noyer un insecte. Je satisfais ce petit besoin naturel tout seul bien entendu, alors que l'étiquette exige que le maharajah, ses femmes et la reine mère soient en cette occurrence « assistés » par leurs serviteurs.

Ne vous offusquez pas, cher lecteur, si je décris par le menu ces peu poétiques servitudes de la condition humaine, elles revêtent une grande importance dans l'Inde profonde qui vit toujours au rythme de la nature. Cette Inde croit que dans tout ce que le corps élimine quotidiennement subsiste un fragment de nous-mêmes, de notre force vitale que l'on doit protéger en l'enterrant secrètement, seul moyen d'empêcher les esprits malveillants de s'en emparer afin de nous nuire...

Un grincement de roues mal graissées interrompt le cours de ma méditation. Tel un mille-pattes, une colonne de serviteurs s'avance vers nous en poussant de lourdes palettes chargées d'accumulateurs qui vont alimenter de grands lampadaires enveloppés de moustiquaires pour écarter les insectes et les oiseaux. Leur éclairage permet à une vingtaine de cuisiniers et à autant de caméristes de servir le petit déjeuner sur des plateaux ronds, les thalis, dans les voitures de la famille royale. Celle-ci pourra ainsi manger tranquillement, sans être importunée par les corneilles et les mainates particulièrement nombreux ce matin malgré le cri du faucon indien, poussé à intervalles réguliers par les oiseleurs de la cour.

Nous prenons nous aussi, auprès de nos voitures, notre thé accompagné de galettes chaudes. Nous, c'est-à-dire tous ceux qui ne font pas partie de la famille du maharajah Raghoubir : chambellans, aides de camp, prêtres, médecins, musiciens et... le « cinéaste-chroniqueur français ». Nos serviteurs ont fait bouillir l'eau sur des réchauds à alcool posés à même le sol, sans aucune hâte, puisque les nuages occultent toujours le soleil et qu'il me semblait impensable que cet astre décidât d'apparaître maintenant, pour gâcher le repas de Raghoubir.

On pourrait se demander pour quelle raison les cuisiniers du maharajah Raghoubir n'avaient pas préparé dans les vastes cuisines du palais le petit déjeuner pour tout le monde ? C'eût été trop simple, et rien n'est simple dans l'Inde profonde, en ce qui concerne la nourriture.

Kamala, la fille du maharajah, fait partie du voyage. Elle vient d'avoir seize ans, mais en paraît trois de moins. Son prénom, qui veut dire Lumineuse Beauté, lui sied à ravir : elle rayonne d'un charme juvénile. Enfant unique, elle occupe la troisième voiture avec sa prêtresse personnelle, la rani de Bhari. Cette femme d'une quarantaine d'années, veuve à seize ans d'un homme impotent qui en avait soixante-dix, est devenue yogini, une sorte de nonne hindoue. Les devoirs de sa charge ne se limitent pas à ses responsabilités morales à l'égard de Kamala. Elle doit également prendre soin d'une plante talisman transportée dans un bac spécial arrimé sur le siège avant, à côté du chauffeur. Il s'agit de la plus sacrée des plantes de la religion hindoue, le basilic...

La rani de Bhari veille à ce que Kamala soit à l'abri des insectes. Son sang est aussi précieux que celui de son père. Si par malchance un moustique vient à la piquer, on l'attrape délicatement dans un petit filet, puis on le relâche dans une cage transportée en permanence dans la voiture, où, pensais-je, il est condamné à mourir d'inanition. Mais pas du tout ! L'insecte sera nourri par la rani de Bhari avec son propre sang, le temps nécessaire à une âme humaine de s'incarner dans une autre créature vivante. Selon les Écritures cela dure six mois.

Quoi qu'il en soit, les moustiques nous ont manifestement pris pour cibles. Je brûle d'envie de les écraser, mais ce serait un crime impardonnable aux yeux de la cour. Celle-ci, déjà perturbée par notre retard, devient encore plus nerveuse avec la soudaine apparition des chacals – les démons du petit matin – attirés par la présence des vaches sacrées. Pour éviter que le maharajah ne soit troublé par leurs glapissements, Amresh poste autour du cortège une douzaine de tchokidars ou gardiens, tous armés de longues gaules de bambou, surmontées de magnifiques plumes de paon.

Amresh me déroute. Il méprise l'astrologie, mais croit à la magie. Il s'extériorise aussi bien par de grands élans de générosité verbale que par de terribles coups de colère. Selon Ram-Gopal, le secrétaire de Raghoubir, auquel me lie une solide camaraderie, son caractère correspond à son prénom, Amresh, important dieu de la Foudre et de la Pluie. Au Rajasthan, ce dieu est également considéré comme un amant expert, amateur de femmes mariées...

Maintenant quinquagénaire, il est aussi grand que Raghoubir, mais légèrement plus clair de peau. Ce qui frappe dans sa physionomie, ce sont ses yeux vert foncé, sa moustache poivre et sel aux pointes relevées et son inamovible turban ourlé de trois liserés d'or, marque de sa dignité. Il le pare au cours des cérémonies religieuses d'une petite aigrette de plumes de paon. Comme Raghoubir, son cousin, il croit fermement à l'origine solaire et au pouvoir surnaturel de cet oiseau fétiche de leur dynastie.

– On n'a pas besoin de le tuer pour avoir ses plumes, me disait-il un jour. En les perdant naturellement, le paon les offre aux hommes au nom de Vishnou, qui peignit lui-même sur chaque plume les gemmes de couleur dont la vue fait fuir toutes sortes de prédateurs...

La magie des plumes de paon sur les gaules des tchokidars doit être efficace, car les chacals battent en retraite, nous gratifiant seulement de leurs plaintes, qui ressemblent à s'y méprendre à celles d'enfants injustement corrigés...

Quant aux vieux corbeaux, les kouà, en hindi, étant à moitié aveugles, la magie n'opère plus. Ils ont en revanche une bonne ouïe et surtout de la mémoire, car ils planent sans cesse autour des oiseleurs, et par leurs croassements incessants les empêchent de manger la nourriture qui leur revient... Dès que ceux-ci commencent à la répandre au pied des arbres en chantant, ils ne les importunent plus. Comme leur dialecte ne m'est pas familier, Raman le chauffeur me traduit les paroles : « Ko-ua, ko-ua, on vous donne du riz, du riz et des tchapatis, laissez notre maharajah, oui, notre maharajah et sa famille ! oui, oui ! et sa famille, partir tranquillement, oui ! tranquillement... »

Le refrain à peine terminé, j'entends, derrière la vitre de séparation, les voix douces des dames de compagnie le reprendre : « Oui, oui, ko-ua... laissez-nous partir »... Les deux jeunes femmes sont les nièces de la reine mère, qui les a élevées et éduquées après la mort de leurs parents. Elles ne se ressemblent pas du tout et ont, comme je l'ai déjà mentionné, des prénoms exquis : Kalpana se traduisant par Inspiration, et Latha par Aspiration... Latha est synonyme d'un petit oiseau typiquement indien, qui veut voler toujours plus haut pour atteindre le ciel, ce qu'il réussit parfois...

Aspiration, la cadette, toute menue, ne paraît pas ses trente ans. Son occupation, identique à celle de la rani de Bhari auprès de Kamala, consiste à contrôler rigoureusement les boissons et la nourriture servies à la reine mère. Toujours vêtue de saris de couleur neutre, elle affiche un air sérieux souvent démenti par une vivacité d'esprit et un humour très subtil. Kalpana, de cinq ans son aînée, est à l'opposé. Rondouillarde et malgré cela coquette, elle suit la mode de Bombay, une mode qui laisse voir sous un sari vaporeux un boléro soutien-gorge et la taille nue. Celle-ci agrémentée de quelques plis de chair dont elle s'enorgueillit car ils sont l'apanage des femmes des castes aisées, et plus particulièrement des femmes de banquiers... Kalpana exerce d'ailleurs le métier de banquière auprès de la reine mère, pour laquelle toucher à l'argent – billets ou monnaie – est tabou, celui-ci étant marqué par toutes sortes de souillures spirituelles et physiques. Elle range l'argent rendu dans une bourse spéciale et, chaque soir, elle nettoie les pièces et lave les billets qu'elle repasse ensuite consciencieusement.

En dépit d'un abord souriant, Kalpana est totalement dépourvue d'humour. Un jour que nous attendions la reine mère, elle saupoudrait tranquillement les plis de sa taille d'un nuage de poudre de riz, pailletée d'or. Je ne pus m'empêcher de la taquiner à la normande, en lui disant: « Vous avez six superbes pneus! »

– Quoi, six pneus! se récria-t-elle, mais sahib Vitold, vous savez bien que ma voiture n'a que quatre roues!

– Grosse bête, s'exclama sa sœur, il ne s'agit pas de ta voiture, mais de ta taille qui brille trop... »

Cela me rappelle une autre petite anecdote qui me fut contée par la reine mère, concernant l'emblème de notre Hispano, une cigogne en vol...

– Quand j'ai vu cette voiture à Paris, au Salon de l'Auto, me disait-elle, tout de suite j'ai voulu l'avoir. Mon père, le maharajah de Virapour, me l'acheta, mais exigea que fût vissée, sur le dos de l'oiseau, la statuette de bronze de notre ancêtre Vishnou, protecteur de la vie sur terre, mais aussi des voyageurs.

Convaincu que la cigogne européenne apportant des bébés aux jeunes mariés était le symbole de la félicité, son père acheta d'emblée dix Hispanos qu'il fit expédier en Inde.

Kalpana, présente à ses côtés comme d'habitude, tressaillit en entendant cela et me demanda si c'était vrai.

– Évidemment, si l'on croit aux légendes...

– Mais c'est magnifique! s'exclama-t-elle en se sauvant...

Quelques minutes plus tard, je la trouvai en train de prier les mains jointes devant le bouchon du radiateur... Pauvre Kalpana, mariée depuis des années, elle n'avait toujours pas d'enfant et en était désespérée, car ne pas être mère, en Inde, est une tragédie. Aussi avait-elle résolu d'adorer la cigogne et son petit cavalier à la manière indienne, en les caressant à chaque occasion... Cependant, à force d'être frottés, les traits du bébé Vishnou s'effaçaient peu à peu, au grand mécontentement de la reine mère qui lui conseilla dorénavant d'accrocher sur la figurine une guirlande de sept œillets d'Inde, le chiffre et la fleur porte-bonheur...

Tresser une guirlande de fleurs naturelles exige déjà de la patience, mais en exécuter une minuscule avec uniquement le cœur des œillets constitue une prouesse... Kalpana devait l'élaborer la nuit, car chaque matin une guirlande toute fraîche ornait le cou du petit Vishnou. Et, ô miracle, quelques mois plus tard, elle donna naissance à un beau garçon. L'émotion fut si forte pour son mari qu'il succomba d'un arrêt du cœur... Kalpana considéra la disparition de cet époux, effacé et peu fortuné, comme un présage du ciel. A peine les cendres dispersées dans le Gange, elle fit asseoir son petit garçon, assisté par les prêtres de la cour, derrière le bouchon du radiateur et l'appela Vandan, prénom hindou qui veut dire Fils de l'Adoration de Vishnou (et de la cigogne)...

Mais revenons au présent, à notre départ à problèmes. L'attente se prolonge depuis trois heures déjà, je n'ose même plus entamer de conversation avec le chauffeur, ni prendre des notes pour ne pas « vexer le destin »... Le lecteur se demandera pourquoi je ne sors pas de la voiture pour m'aérer? En effet, qui pourrait me voir dans la pénombre?... Qui? Non seulement tous les prêtres ignorant ma présence dans le cortège, mais aussi les serviteurs préposés aux toilettes, qui devant ce visage pâle se promenant autour du palais crieraient au fantôme et, d'épouvante, en renverseraient les pots de chambre pleins – présage on ne peut plus funeste. La réussite de ce pèlerinage étant capitale pour Raghoubir, je renonce donc à me dégourdir les jambes. J'espère seulement que le départ ne sera pas annulé... A peine ai-je évoqué cette éventualité que la conque de Swami résonne et que le soleil trouant les nuées apparaît dans toute sa splendeur. Ouf!

Consultant machinalement ma montre, je réalise la gravité de ce geste apparemment anodin. Je risque en effet de provoquer à nouveau le mauvais sort, car à l'instant où les rayons de l'astre du jour se posent sur le visage de son arrière-arrière-arrière... petit-fils, le temps s'arrête, et il est interdit de regarder l'heure jusqu'au deuxième appel de la conque...

Swami, le chef astrologue, a retrouvé toute son assurance. Debout devant la limousine, il tient à la main une mince plaque d'or poli, de la taille d'une assiette, et l'oriente de telle manière que s'y reflète le visage entier du maharajah rayonnant de bonheur. Pour préserver cette image, il recouvre rapidement la plaque magique d'une étoffe et l'enferme dans un coffret de jade, puis, suivi de ses confrères, monte dans sa camionnette, sorte de sanctuaire itinérant, transportant de nombreux objets cultuels.

Vient enfin le moment tant attendu, le maître de cérémonie a donné le signal du départ ! La limousine royale s'ébranle, projetant une ombre impressionnante due, bien sûr, au soleil rasant, mais aussi à la hauteur de la carrosserie, prévue pour que les maharajahs puissent garder sur la tête leurs imposants turbans tout en étant confortablement assis. Notre chauffeur veille à ne pas « abîmer » cette ombre majestueuse, que je surveille de mon côté, lui conseillant de ralentir dès qu'il la serre de trop près. Je suis superstitieux, je l'avoue et, outre l'ombre des arbres, je n'aime pas empiéter sur celle des hommes, a fortiori quand il s'agit de l'ombre mystérieuse de la limousine de Raghoubir, qui inquiète même Raman.

– Regardez, sahib, elle sautille sur les pavés et pourtant la carrosserie ne bouge pas d'un pouce !

Nous arrivons au porche de la sortie est, celle du Soleil Levant où une centaine de vigiles, des vétérans Sikhs, nous saluent. Leur prestance légendaire et le soin qu'ils apportent à leur apparence leur confèrent quelque chose de magique. J'oublie de vérifier la position de leurs ombres, tant je suis subjugué par la mâle beauté de ces visages ornés de barbes, favoris et moustaches blanches. Sur leurs tuniques, rouge et bleu, couleurs dynastiques du maharajah Raghoubir, étincellent de nombreuses décorations.

Non loin d'eux se tiennent les pupilles de l'orphelinat du lieu, construit et supporté financièrement par la reine mère. Certaines fillettes à moitié endormies se cramponnent aux saris des institutrices qui les obligent à se redresser au passage du cortège. Elles ne doivent ni saluer ni chanter. Seul importe le rayonnement de leur innocence. Il nous suffit de faire le darshan, c'est-à-dire de les regarder attentivement, pour que leur image se grave dans notre inconscient et aide au succès de nos entreprises de la journée...

Nous abordons le carrefour de la route nationale. Ici commence un monde hostile pour Raghoubir : une grande stèle en pierre commémorant l'avènement de la République, en 1947, est entièrement constellée d'affichettes électorales et d'emblèmes de partis peints à la main, parmi lesquels figurent la faucille et le marteau... Toutefois, la face qui regarde le palais demeure vierge de tout gribouillis. Par respect pour Raghoubir en tant que dieu vivant?... Peut-être...

Chapitre 2

Notre itinéraire est jalonné par des policiers qui, à notre passage, se mettent à souffler à pleins poumons dans de petits sifflets à roulettes. Cet accueil strident surprend tellement Raman qu'il freine brutalement, et la voiture de Kamala faillit mordre notre ombre et nous emboutir, ce qui eût été désastreux pour le moral de la reine mère, déjà contrariée par le comportement des policiers. Comme les sifflements persistent, je lui demande ce qui se passe, toujours au moyen du tube acoustique. Elle baisse sa vitre et écoute attentivement, sans rien dire...

Perplexe, j'observe Raman.

– Sahib, le bon temps est peut-être revenu... Vous souvenez-vous des tchobdars, ces coureurs qui annonçaient jadis le passage du maharajah? Ils portaient des tchobdes, bâtons à tête de lion, et sifflaient sans arrêt...

Je n'ai jamais participé dans le passé à des voyages officiels de maharajahs; en revanche je me souviens qu'il y a deux ans, en 1971, le gouvernement présidé par Mme Indira Gandhi, ayant annulé les traités signés avec les maharajahs, leur avait interdit, entre autres privilèges, d'employer des hérauts portant ces bâtons à tête de lion. C'est que l'image de cet animal venait aussi d'être nationalisée, pour représenter dorénavant la République...

– Raman, combien de tchobdars y avait-il autrefois à la cour?

– Une centaine, sahib, ils sont tous au chômage aujourd'hui... Et il éclate de rire.

Rire face à l'adversité est caractéristique de l'âme indienne, mais j'ai eu du mal, en tant qu'Européen, à m'y habituer... Un jour, alors que je me trouvais dans un taxi, le chauffeur renversa un vendeur de journaux, qui perdit connaissance... Je me précipitai et aidai le jeune homme à reprendre ses esprits et à se relever. Il boitait un peu, avait une grosse bosse, mais à ma grande surprise souriait à tous les badauds et même au chauffeur de taxi, à qui il semblait vouloir dire : « Tu pensais m'avoir avec ton engin! Mais c'est moi qui t'ai eu... j'ai peut-être la jambe cassée, mais je marche!... » Et il s'éloigna en claudiquant sous les regards admiratifs des badauds...

Plongé dans mes souvenirs, je ne perds pas pour autant la route de vue. La nouvelle de notre passage doit se répandre comme une traînée de poudre, à en juger d'après le nombre croissant de spectateurs – en majorité paysans – qui se pressent sur les bas-côtés. Tous sourient en reconnaissant les voitures. Certains, ceux de la vieille génération, se prosternent même. Les plus jeunes, venus sans doute par curiosité, mais surpris par les manifestations de joie de leurs aînés, joignent timidement les mains...

Nombre d'anciens soldats, accompagnés de leurs familles, saluent chaleureusement la limousine. Leurs uniformes élimés et rapiécés étincellent de décorations qui semblent sortir de la boutique du joaillier car, aussi surprenant que cela puisse paraître, toutes les médailles du régiment de Raghoubir sont soit en argent, soit en or. Raghoubir et son ami le maharajah de Patiala sont célèbres pour cette coutume dans toute l'Inde. Ils firent même refaire dans du métal précieux les décorations étrangères envoyées aux familles de leurs soldats tués en Europe...

L'enthousiasme de tous ces gens est compréhensible. Jadis Raghoubir était un roi très puissant et sa famille employait des centaines de milliers de personnes à travers l'Inde. Mais ce qui m'étonne davantage, c'est le risque politique que prennent les autorités en officialisant sa visite à la tête d'un cortège de cinquante et quelques voitures. Je suis certain que, sans ordres, ces policiers ne nous auraient pas attendus depuis quatre heures du matin... Soudain, le chauffeur de Raghoubir nous fait signe de ralentir et de nous arrêter. Nous obtempérons, suivis par les autres véhicules du cortège. Que se passe-t-il ? Ce n'est tout de même pas pour ce vieux paysan suivi d'une femme âgée et d'un enfant, qui courent pieds nus en nous faisant signe de stopper ? Et pourtant si !

Tout essoufflé et clopinant, le vieil homme aux cheveux d'un blanc mousseux s'approche de la limousine. Il est si maigre que sa veste militaire, toute rapiécée, mais très propre, tombe jusqu'à ses genoux. Son pantalon, aussi fatigué que la veste, a gardé un pli impeccable. Le garçonnet qui lui tient la main est torse nu. La vieille femme, sa grand-mère sans doute, vêtue d'un sari mauve pâli par l'usure, porte sur la tête un objet qui ressemble à un gros parpaing gris-jaune...

L'homme se fige et fait le salut militaire, tandis que le petit garçon se laisse tomber, face contre terre. La femme, les yeux baissés, est debout, droite comme une statue antique, dont elle a le port et le visage, sur lequel vieillesse et misère n'ont pu effacer les vestiges de sa beauté passée. Postée devant la portière avant gauche de la limousine, elle s'adresse à Amresh en un débit haché, comme si le souffle lui manquait, démarche d'une audace inouïe pour une femme. Même de loin, je vois que, son histoire terminée, elle tremble comme une feuille en déposant son « objet » sur le bord de la route, avant de se prosterner devant la voiture les mains jointes... Je reconnais ce mystérieux objet. C'est un fourneau en terre cuite, souvent l'unique bien des paysans pauvres. Elle ne s'en est pas servie depuis plusieurs jours, la suie du foyer étant tombée... Son geste signifie qu'ils sont en train de mourir de faim.

Le maharajah, bien sûr, a entendu ce qu'elle a dit à Amresh, car sur son ordre le chauffeur se précipite pour lui ouvrir la portière et... je n'en crois pas mes yeux... Raghoubir, le plus grand roi des Indes et demi-dieu de surcroît, s'avance lui-même à la rencontre de ces paysans... Le garçonnet relève un peu la tête mais, à la vue de ce personnage si imposant, prend peur et enfonce davantage son visage dans la poussière...

Amresh, Ram-Gopal et un brahmane suivent Raghoubir pas à pas. Ce dernier tient une tige de basilic à la main, avec laquelle il effleure la tête baissée de la femme, du mari, et du petit-fils. C'est le signal du darshan. Tous trois se relèvent et, les yeux grands ouverts, contemplent attentivement le visage puis le vêtement de Raghoubir. Son turban lamé d'or émerveille l'enfant, tandis que le collier de grosses perles suscite une lueur d'étonnement dans le regard de la femme, qui brusquement se voile d'une grande tristesse. Rêve-t-elle de posséder un tel collier?

Cette scène me semble totalement irréelle. Quelques jours plus tôt, Raghoubir a catégoriquement refusé de recevoir un ministre envoyé spécial du gouvernement, et là, sous un soleil brûlant, il accorde un long darshan à ce couple de paysans affamés...

J'ignore ce qu'Amresh leur répond, mais cela semble important. Le darshan accompli, la paysanne caresse du bout des doigts de la main droite le fourneau, puis les pieds de son petit-fils, et s'éloigne à reculons, les yeux baissés, les bras joints en un geste d'adoration, scandant à voix haute : « Rama, Rama... » En entendant ce nom que chaque hindou, au moment de mourir, invoque par deux fois, je sais que leur décision de quitter ce monde est irrévocable. Ne pouvant plus vivre dans le déshonneur, elle a déposé, selon la coutume rajpoute, son fourneau aux pieds du roi, le priant ainsi de la réhabiliter en acceptant son petit-fils...

C'est à ce moment précis qu'arrive un autocar climatisé, bondé de touristes, qui stoppe à côté de la limousine dorée de Raghoubir. Sans aucun égard pour lui, les occupants abaissent les vitres pour le photographier. Une voix de femme interpelle le guide : « Pourquoi ce maharajah force-t-il cette pauvre vieille à porter cette pierre ? » La réponse du guide : « Ce n'est rien, c'est une coutume stupide... » ne me surprend nullement, c'est certainement un fonctionnaire du département gouvernemental du tourisme.

Le car repart dans un nuage de poussière qui enveloppe le vieux paysan, alors qu'il se prépare à marquer d'un point rouge le front de son petit-fils... En Europe, lorsqu'on se sépare de son enfant, même pour une courte période, on le couvre de baisers. En Inde, on ne l'embrasse pas, de crainte de lui transmettre ses « propres impuretés ». En revanche, on lui souhaite bonne chance en marquant avec une poudre rouge, couleur du bonheur, l'endroit du front où le Créateur a dissimulé le troisième œil, celui qui voit l'avenir.

Le vieux paysan, imperturbable, poursuit le rite de l'adieu par l'attouchement des orteils du garçonnet, les allégeant symboliquement de la poussière qui s'y accumulera sur la route de sa vie, puis frôle ses genoux, geste qui fait de lui son héritier. En lui parlant doucement, il le pousse gentiment vers le maharajah. Celui-ci, en signe d'acceptation, caresse deux fois la tête de l'enfant avec lc basilic...

C'est alors que le vieil homme, comme libéré d'un grand poids, sort de sa poche un mouchoir noué et le dépose aux pieds de Raghoubir en maintenant, de la main gauche, son coude droit. Ainsi offre-t-on un objct précieux à une divinité. Lorsqu'il s'agit de faire un don à une personne « normale », il suffit de le lui tendre au creux de ses mains jointes...

En regardant le petit paquet, je pense au nazar coutumier, c'est-à-dire à la pièce d'argent que le maharajah sanctifie en l'effleurant. Mais ce qui brille là dans le mouchoir dénoué du vieil homme est d'un bien plus grand prix : il s'agit de trois médailles militaires, dont celle, très caractéristique, du Monte Cassino. Il les confie par l'intermédiaire du maharajah à son petit-fils. Celui-ci comprend enfin que c'est la séparation, et se met à pleurer à chaudes larmes... Ram-

Gopal, le secrétaire du maharajah, sauve la situation en lui donnant une galette au miel offerte par la reine mère qui a suivi cette scène par la vitre de sa voiture. Affamé, l'enfant ne se fait pas prier et la dévore à pleines dents. Une servante lui apporte un verre de lait qu'il vide d'un trait, puis l'emmène en s'emparant du fourneau. Le grand-père s'éloigne et s'assied sur le remblai auprès de sa femme, tandis qu'un serviteur dépose à leurs côtés un petit pot en laiton, fermé par un couvercle à vis, un Ganga-barani, pot contenant de l'eau du Gange. Ils s'en aspergeront avant de mourir. Ils n'acceptent rien d'autre ; pour eux la vie s'achève...

– Ils retourneront dans leur village natal pour mourir, sahib, me confie Raman avec le détachement des philosophes. C'est ainsi que ça se passe chez nous...

Puis il éclate de rire. Décidément, combien d'années me faudra-t-il encore vivre dans ce pays pour comprendre sa mentalité !

Tandis que nous repartons, je continue à penser au vieux couple. S'ils suivent les coutumes chevaleresques des paysans du Rajasthan, du Goudjerat et du Pendjab, ils iront s'asseoir face au soleil couchant sur la nouvelle route, à l'endroit où se trouvait jadis leur chaumière. Là, ils s'entoureront de pierres blanches pour signaler leur présence aux voitures, car on doit mourir d'inanition, honorablement, sur la terre qui vous appartient, et non pas écrasé comme des vagabonds...

L'Inde se modernise, c'est inévitable, et de pareilles scènes sont fréquentes sur les nouvelles routes. Aussi les chauffeurs indiens ne s'arrêtent-ils pas pour secourir les gens étendus sur la chaussée, entourés de pierres...

Selon Raman, cette histoire s'est bien terminée : le petit, plus tard, vendra les médailles pour se marier, peut-être même avec une servante de la cour.

– Elle aura déjà le fourneau pour sa cuisine, ajoute-t-il en riant...

Je ne pouvais pourtant chasser de mon esprit l'image du

vieux couple. Pourquoi cette faveur vraiment exceptionnelle de la part de Raghoubir ? Un peu embarrassé tout de même, Raman finit par me raconter, bribes par bribes, une bien triste histoire : sept ans auparavant, le préfet qui avait remplacé le maharajah décida de construire une route à travers les champs des paysans, au préjudice des propriétaires de nombreuses chaumières qui furent rasées par les bulldozers. Le fils unique de notre couple et sa femme, refusant de quitter leur maison, furent écrasés. Leur enfant, alors âgé de trois ans, était fort heureusement dans les champs avec ses grands-parents. Pendant des années, ces derniers demandèrent justice, mais en vain. Sans aucune aide, ils subsistèrent sur le lopin de terre qui leur restait grâce à leur vache, mais celle-ci était morte de vieillesse quelques jours avant le passage du maharajah Raghoubir...
« C'est tout ce que je sais, sahib », conclut Raman...

Chapitre 3

Notre premier arrêt pour la nuit est Virapour, l'ancienne capitale de l'un des plus vieux royaumes indiens où demeure le maharajah Udaï Singh, frère de la reine mère. Au siècle dernier, leur grand-père rendit Virapour très célèbre en créant une « assurance sociale » pour les victimes de catastrophes naturelles. Cette institution, unique au monde, fonctionna jusqu'à l'annexion de cet État par la République, en 1947...

Enchâssée dans les collines, Virapour est ceinturée par un mur qui n'est pas sans évoquer une muraille de Chine miniature. Les palais, les parcs et les maisons s'imbriquent harmonieusement autour d'un bassin sacré, de forme rectangulaire, dont l'eau sert d'écrin aux tchatris, les pavillons funéraires des rois de Virapour.

En prévision de notre arrivée, la municipalité a décidé de rendre à la ville son aspect ancien, sans regarder à la dépense. Les maisons ont été dépoussiérées ainsi que le feuillage des arbres, les rues pavoisées de guirlandes de fleurs en papier, par égard pour la reine mère qui adore les fleurs et souffre de les voir coupées. Très aimée au pays, ses portraits ornent les fenêtres de chaque maison.

La nuit n'étant pas encore tombée, tous les habitants sont dehors et nous regardent passer avec une totale incrédulité. Il y a bien des années qu'ils n'ont vu pareil cortège! Même les voitures françaises du père de la reine mère n'avaient jamais été aussi imposantes que la limousine dorée de Raghoubir étincelante sous les rayons du soleil couchant et arborant ses fanions dynastiques. Ceux-ci ont d'ailleurs failli être interdits, leurs dimensions ayant, en effet, opposé le préfet local au prince Amresh. Ils se sont mis finalement d'accord pour que le fanion vert-orange de la République indienne soit d'un tiers plus grand que celui de Raghoubir. En cas de non-observance de cet arrangement, la traversée de la ville était annulée.

La foule est si dense que Raghoubir ordonne au chauffeur de rouler au pas, pour permettre à ceux qui le souhaitent de toucher les véhicules sans danger. Enfin, nous atteignons le parc du palais où notre hôte a fait aménager un village de toile d'une quarantaine de tentes autour d'un ravissant bungalow en bois et en pierre de taille, construit en 1921 pour le duc de Windsor. Raghoubir, ses deux épouses et moi-même y séjournerons.

Dans ma chambre, le lit dont la tête et les pieds sont en verre moulé « modern style » est signé Lalique. Quelle personnalité de l'entourage du duc a apporté ce magnifique lit?... J'apprécie, en Inde, le culte que l'on voue aux objets ayant appartenu à des personnages illustres. Je savais que notre hôte, hindou très pratiquant, n'y avait jamais dormi, mais il était ravi de le mettre à ma disposition, sachant par sa sœur que j'aimais beaucoup les créations de cet artiste. La reine mère, Kamala, leurs suites, ainsi qu'Amresh, les prêtres et astrologues occuperont les sept grands pavillons de toile jaune d'or. Les intendants et serviteurs se répartiront dans une trentaine de tentes plus petites et toutes blanches...

Un peu en retrait, mais bien en vue de tout le monde, nos vaches sacrées sont parquées dans un enclos, pourvu de nombreux appentis les protégeant du soleil. Un bassin-abreuvoir ovale, en pierre, a été spécialement construit pour elles. En son centre se dresse une colonne au sommet de laquelle est aménagé un petit abri, en bois sculpté, où nichent des pigeons blancs, oiseaux porte-bonheur. La reine mère m'explique brièvement, comme si c'était une chose normale, que ce pigeonnier ainsi que l'enceinte pour notre troupeau ont été réalisés par les commerçants djaïns de la ville, adeptes de la plus ancienne religion indienne, protectrice séculaire des animaux. Les djaïns considèrent Raghoubir comme l'un des grands « Montreur-de-Chemin », ou Tirthankar, nom sanscrit qu'ils donnent à leurs guides spirituels...

La reine mère, précédée de Kalpana et Latha, ses deux dames de compagnie, va se retirer dans son pavillon de toile. Je ferme la marche, chargé de son bien le plus précieux, une petite chaîne haute fidélité que je dépose sur ce qui me semble être une console de marbre placée au centre de la tente. Surprise! En l'examinant de plus près, je m'aperçois qu'il s'agit d'une authentique cheminée européenne avec des jambages sculptés et un âtre en fonte. Des bûches de bois toutes lisses, semblables à des morceaux de poteaux télégraphiques y brûlaient déjà pour éliminer l'humidité du soir. Face à cette cheminée, quatre fauteuils entourant une table basse sur laquelle notre hôte a déposé, selon la coutume, le cadeau de bienvenue dans une pochette de brocart. La reine mère, malgré sa réserve habituelle, n'hésite pas une seconde, elle l'ouvre et en sort un coquetier en or ciselé. Ce qui ne manque pas de m'intriguer car, étant strictement végétarienne, elle ne mange jamais d'œuf.

– Quel joli pot-à-gel pour les yeux, fait-elle... C'est du dwarka-attar, j'en manquais justement; savez-vous comment est fait ce gel?

– Aucune idée!

– Avec des perles de la baie de Dwarka, dissoutes dans une solution secrète. Appliqué autour des yeux, ce gel fait disparaître toute trace de fatigue... Voulez-vous essayer? Vous paraissez en avoir besoin.

– Je veux bien...

Inutile de refuser, la reine mère souhaite que je vive exactement comme un hindou...

Le sol de la tente est recouvert d'une épaisse dourri, moquette en coton à motifs géométriques. La tente est divisée par de très grands panneaux de bois tendus de pitchwai anciens, peintures sur toile illustrant la vie bucolique des dieux hindous les plus populaires, notamment celle de Krishna flirtant avec les jolies gardiennes de vaches.

Le compartiment voisin est juste assez grand pour contenir un lit indien, constitué d'un cadre tendu de sangles, reposant sur des pieds sculptés en bois de santal. Son parfum âcre empêche les esprits mauvais venant du sol de « grimper » jusqu'au bedding ou literie de la reine mère, que ses caméristes sont en train d'extraire d'une volumineuse sacoche de toile. L'Inde en voyage, du petit fonctionnaire au grand roi, ne se sépare jamais de ce bedding... C'est le seul moyen d'éviter de dormir dans des draps étrangers sentant la « détresse animale », comme ils appellent le savon fabriqué pratiquement toujours avec des graisses animales...

L'espace à coucher jouxte une salle d'eau, véritable petit musée du sanitaire en argent massif. Mon attention est aussitôt attirée par une splendide jarre en argent, si haute que son couvercle orné d'une figurine de paon me dépasse, et je suis grand ! Ses flancs, martelés en ronde-bosse, dévoilent des danseuses évoluant autour d'un jeune dieu.

– Ce vase contient de l'eau du Gange, explique le maître d'hôtel qui nous guide, et il ajoute : Notre camion-citerne va en puiser toutes les semaines...

Dans un coin, un serviteur remplit d'eau chaude une grande marmite aux flancs lisses et bombés, cerclée d'un galon d'or ciselé et reposant sur de solides pattes de lion en argent massif. Sur son couvercle, en bois cette fois, se trouvent plusieurs louches en vermeil à long manche ainsi qu'une paire de semelles en argent épais vissées sur de très hauts cubes de bois, comparables à des cothurnes japonais. Pour les chausser, on glisse le pied sur cette semelle jusqu'à une sorte de petit champignon métallique s'intercalant entre les orteils.

Ces merveilles d'argenterie proviennent toutes du grand palais de notre hôte devenu aujourd'hui inhabitable faute d'entretien. Udaï-Singh fut en effet l'un des premiers maharajahs ruinés par les impôts...

Les deux compartiments restants sont affectés à Latha et Kalpana. Elles disposent, elles aussi, d'une salle d'eau, pas aussi luxueuse mais néanmoins confortable, avec réservoir d'eau du Gange, marmite et sandales en laiton poli, métal en conformité avec leur rang. Toutes les autres tentes attribuées à la famille royale sont pareillement agencées. Notre hôte dispense à chacun le cadeau de bienvenue, dont la valeur dépend de la place que l'homme, la femme, l'enfant ou même le bébé occupe dans la hiérarchie de la cour. Les servantes de la reine mère, toutes originaires de la région, reçoivent un sari, tandis que les hommes au service de Raghoubir sont gratifiés de coupons de tissu pour les turbans.

Ces cadeaux de bienvenue ont été déposés bien avant l'arrivée des invités. En effet, selon le « Livre de la Sagesse », un très ancien manuel de savoir-vivre hindou, qui est toujours suivi dans les anciens royaumes : « Exiger du destinataire un remerciement déprécie la valeur du présent. » Il n'est jamais facile, tant pour les nantis que pour les humbles, de recevoir un cadeau... En partant de quel pied doit-on s'approcher du donateur ?... A combien de pas de lui doit-on s'arrêter ?... Quelle main tendre ?... Quels mots prononcer avant de se retirer, pour ne pas s'exposer à la risée générale ?...

Je sais, quant à moi, le service que je dois rendre à la reine mère avant de partir : mettre en marche la chaîne haute fidélité et placer le disque de Pavarotti que je viens de lui rapporter de France. Elle aime se doucher en l'écoutant...

Précédé d'un porteur de lampe et de Velou, je me décide, avant de regagner ma chambre dans le bungalow de Raghoubir, à faire un grand détour pour avoir une vue d'ensemble de notre camp, ayant le sentiment que je n'aurai jamais plus l'occasion d'admirer une pareille réunion de tentes. Ce soir, elles ont l'aspect d'un joyeux parc d'attractions, tous les mâts étant reliés les uns aux autres par de longues guirlandes électriques. Il ne manque plus que la musique pour que l'illusion soit parfaite, mais, à cette heure de la journée, le maître de cérémonie impose le silence à tout le personnel. Nos vaches blanches et même les pigeons semblent s'y conformer. Seul le bruissement des gaules à plumes de paon que des gardiens agitent pour éloigner les mauvais esprits se fait entendre...

Excepté une petite veilleuse sur la véranda, le bungalow de Raghoubir est plongé dans la pénombre. Dans ma chambre, sur le lit, m'attend mon cadeau de bienvenue : un rouleau de tissu peint, un pitchwaï précieux représentant une pastorale avec Krishna jouant de la flûte à ses belles vaches blanches... semblables à celles que nous accompagnons. Par la grâce du peintre, doué d'une imagination à la Jules Verne, les dieux du ciel voguent dans d'cxtraordinaires véhicules, sortes de bateaux célestes aux proues à tête de lion, paon, vache, singe. Sans doute vont-ils peupler mes rêves...

Le lendemain, je rends visite à notre hôte, frère de la reine mère, le maharajah Udaï-Singh. C'est un bel homme dans la force de l'âge, au comportement très simple, aimant vivre à l'ancienne mode. Il a refusé de transformer son château en hôtel, où l'on viendrait le photographier pour « un dollar la pose », et s'est retiré avec son épouse dans une résidence située dans la jungle environnante pour protéger et soigner les animaux locaux, en voie de disparition... Son domaine est devenu une véritable arche de Noé où éléphants, biches et chevaux côtoient les tigres et les léopards. Même les chiens, ces mal-aimés de la religion hindoue, y vivent heureux depuis que leur « patron » Yama, le dieu de la mort, est apparu à Udaï-Singh dans un rêve, demandant pour eux une place équitable parmi les autres animaux...

Connaissant sa marotte, la photo, et le fait qu'il est un utilisateur fidèle d'un des premiers Leica, je lui demande la permission de photographier le sanitaire en argent massif de la reine mère. Non seulement il est d'accord, mais il ne laisse à personne le soin d'orienter les faisceaux de mes projecteurs, surtout sur la grande jarre, afin d'accentuer le relief des magnifiques scènes représentant des jeunes gens exécutant la danse des bâtons magiques...

Chapitre 4

Nous quittons Virapour le lendemain sous une chaleur si torride que Raghoubir, craignant pour la santé de ses vaches, décide de faire une pause dans le village souterrain d'un de ses amis. Il s'agit d'une construction étonnante appelée baoli, un puits profond entouré de galeries et de citernes conservant l'eau de la source et des pluies pour calmer la soif des hommes, des animaux et aussi celle des millions de grains de riz des champs alentour.

Il existait jadis dans l'ouest indien une centaine de ces merveilles où se réfugiaient les enfants et personnes âgées lorsque la température avoisinait les cinquante degrés. Quelques-uns de ces puits, comme le baoli où nous sommes descendus, sont encore pieusement entretenus par leurs anciens propriétaires, les rajahs locaux. Ce chef-d'œuvre d'architecture est accessible par un escalier en colimaçon pour les villageois et par une rampe pour les animaux. L'ami de Raghoubir habite avec sa famille dans des loggias excavées et maçonnées dans les parois du large puits de ventilation. L'air frais qui y circule surpasse en qualité celui de l'installation de climatisation la plus moderne.

J'ai du mal à réaliser qu'à vingt mètres de profondeur se trouvent aussi une école, un sanctuaire et un petit théâtre animé par des baladins locaux. Le soir, pour nous distraire, ils nous conteront, en chantant et en dansant, l'histoire de ce puits-village, inauguré? il y a plusieurs siècles, par le mariage d'un grain de riz et d'une goutte de pluie. Celle-ci, recueillie dans une coupe d'or par la maharani elle-même, fut présentée au prêtre, porteur du grain de riz. En récitant des versets saints, il consacra l'union en faisant tomber, tout doucement, la graine sur la goutte. La maharani récompensa ensuite l'architecte en lui donnant l'équivalent de son poids en or...

La pantomime se termine par un numéro de clowns qui amuse beaucoup l'auditoire, plus particulièrement les épouses de Raghoubir, Daya et Rohini, qui assistent au spectacle depuis leur loggia, voisine de la mienne. Cette proximité me permet de faire plus ample connaissance, circonstance d'autant plus agréable qu'elles sont toutes deux très belles, chacune dans un genre différent.

Daya, Tendresse en sanscrit, est la maharani. On ne pouvait pas choisir prénom plus seyant. Plutôt petite et frêle de corps, elle parle doucement, sa peau est fine et d'un brun clair, ce qui n'est pas fréquent chez une Indienne de Goudjerat. Il ne faut pourtant pas se fier à cette apparence fragile et réservée, Daya se passionne pour tout. N'ayant toujours pas d'enfant, elle ne craint pas pour autant d'être répudiée, sa très grande fortune personnelle, gérée par Raghoubir, s'opposant à cette éventualité... La religion hindoue permet à l'homme d'avoir plusieurs épouses (à condition qu'il ait les moyens matériels de les entretenir), de les répudier ou de s'en séparer mais non pas d'en divorcer...

Très intelligente, Daya comprenait la fragilité de sa position, et s'en affligeait. Maintes fois, elle s'était confiée à moi, espérant que je lui révélerais à quels moyens médicaux les femmes européennes recouraient en semblable situation. J'étais à ses yeux la seule personne avec qui elle pouvait parler ouvertement et aborder le sujet si délicat des rapports sexuels. N'avais-je pas filmé la cérémonie officielle de consommation de son mariage avec Raghoubir en présence de leurs familles? Ils avaient tous vu et revu ce film où Daya, vêtue seulement d'un voile diaphane, exécutait docilement les mouvements compliqués de l'étiquette amoureuse *...

A l'époque, elle n'avait pas encore seize ans. Depuis, elle m'avait revu à la cour en train de filmer d'autres fêtes et manifestations familiales, mais elle constatait qu'à chaque fois je ne restais auprès d'elle que quelques secondes...

Raghoubir, dans son ardent désir d'avoir un héritier, s'était marié quatre fois. Sa première épouse, avant de mourir en couches, lui laissa une fille, Kamala. Le jour du mariage, ils étaient tous deux âgés de quatorze ans et la jeune promise souffrait déjà d'une insuffisance cardiaque. Les deux familles étaient bien sûr au courant de la maladie de la future maharani, mais en tenant compte du rang très élevé de Raghoubir, seule, dans toute l'Inde, cette jeune fille pouvait devenir son épouse...

Le deuil terminé, on lui fit épouser Daya. Les années passèrent, mais aucun heureux événement ne s'annonçait. Raghoubir rencontra à Delhi une jeune Américaine, Jenny, à qui il proposa aussitôt le mariage parce que ses astrologues lui affirmèrent qu'elle était apte à lui donner un bel héritier. Amoureuse, elle accepta, mais ne se figurait pas qu'elle ne serait que sa quatrième épouse. Car pour écarter la malédiction pesant sur le chiffre trois, les hindous épousent en troisièmes noces une plante sacrée, le basilic. Or, avant d'être unie à Raghoubir, Jenny devait assister à ce rite : elle s'y refusa et, pire, le ridiculisa publiquement...

– Je ne veux rien savoir, déclara-t-elle, comment voulez-vous que je dise à ma famille que j'ai vu mon mari épouser une plante!...

Quelques mois plus tard, en décembre 1970, Jenny mourait mystérieusement **. Désormais, en souvenir

* Lire *L'Inde impudique des maharajahs* (chez le même éditeur).
** Lire *L'Inde impudique des maharajahs*.

d'elle, le basilic en pot accompagne le maharajah dans tous ses déplacements, de même que Rohini, unique amie de l'Américaine.

Rohini est une jolie brune à la peau mate et aux yeux rieurs. Son prénom est celui d'une étoile dont la lune est tombée amoureuse. Elle paraît potelée parce qu'elle n'est pas grande, mais sa séduction n'en souffre pas, bien au contraire; ses formes pleines lui confèrent un sex-appeal qui s'harmonise avec ses manières occidentales. Parmi les épouses de Raghoubir, elle est la seule à avoir été élevée en Angleterre. Elle sait qu'elle ne peut avoir d'enfant avec lui, n'étant pas noble, et doit recourir à des moyens contraceptifs. Son père, un des avocats de Raghoubir, est mort en laissant une nombreuse famille, notamment plusieurs filles, dont la seule ressource consiste en une bonne éducation.

Ses études et sa sympathie pour l'Occident facilitèrent ses rapports avec Jenny. Elle lui apprenait à se comporter en femme de roi indien, et en particulier comment l'aimer, le choyer, le divertir... A cet égard, je me rappelle très bien le jour où Rohini montra à Jenny la manière de masser les jambes de Raghoubir sans entrer en contact avec sa peau, c'est-à-dire en promenant savamment les doigts sur ses mollets et ses cuisses à travers l'étoffe du dhoti. Raghoubir portait toujours dans l'intimité cette sorte de jupe en tissu léger, nouée à la taille de telle façon qu'elle faisait office de pantalon.

Ce matin-là, profitant de l'exceptionnelle proximité de nos loggias, Daya voulut connaître la raison de ma froideur à son égard. Je m'attendais naturellement à cette question et j'avouai mon trouble. Je lui expliquai que l'expérience, rarissime pour un Européen, consistant à filmer toutes les phases de son mariage, m'avait marqué. Le fait de l'avoir admirée avec pour toute parure les bijoux avant qu'on ne l'encense et que les plus grandes reines de ce pays ne la vêtent, m'avait tellement impressionné que depuis je n'arrivais pas à effacer son souvenir de mon esprit.

– Chaque fois que je vous voyais à la cour, j'étais troublé au point que je craignais de tomber amoureux de vous, non pas à la façon indienne, m'empressai-je d'ajouter, où l'homme ne pense qu'à être le père d'un enfant, mais à la manière européenne... Rani Rohini, qui connaît l'Europe, vous expliquera...

Daya ne parlant pas couramment l'anglais n'arrivait pas à suivre la conversation et me jetait des coups d'œil affolés au fur et à mesure que Rohini traduisait.

– Est-il vrai, Vitold, risqua-t-elle, que vous ayez peur de moi?

– Pas de vous, madame, mais de moi, de mes habitudes occidentales.

J'étais sincère, la carnation de son visage, de ses bras, de ses mains m'attirait mystérieusement... Tous ces sentiments étaient purement platoniques, même le baisemain est en Inde, pays où le moindre attouchement pollue, franchement inimaginable.

– Si vous voulez m'écrire une lettre d'amour, chuchota-t-elle, remplacez mon nom par celui d'une fleur, d'une plante, et adressez-la à Rohini... Je vous répondrai... peut-être...

Un poète, amoureux de l'Orient a dit: « Vous y passez un quart de votre vie et vous croyez le connaître, mais erreur! Vous commencez seulement à réaliser que vous êtes sur une autre planète... »

Daya, en écoutant Rohini décrire l'effet que ses paroles produisaient sur moi, s'appuyait sur l'épaule de son amie et fixait sa main dont le pouce gauche s'ornait d'une pierre précieuse en cabochon dissimulant un petit miroir dans lequel elle me surveillait. Cette bague appelée arasi, très populaire en Inde, est le premier bijou que la famille de la jeune mariée lui offre pour qu'elle puisse observer sa belle-mère, à son insu, quand celle-ci est de mauvaise humeur...

Le lendemain matin, les rayons solaires touchent à peine le haut de notre puits que les serviteurs de notre hôte me réveillent en m'apportant des jarres d'eau pour la douche. Chacun la prend, comme moi, dans sa loggia, ce qui fait que j'aperçois en face Daya et Rohini, toutes nues, en train de se faire asperger par leurs servantes. Raghoubir subit le même traitement dans son compartiment, mais étendu sur une planche en bois précieux qui fait partie de ses bagages. Pourvue de rainures, elle permet de récupérer le liquide qui a touché son corps et de le distribuer ensuite aux personnes âgées du village pour leurs ablutions.

Daya et Rohini, encore moites, se font brosser leurs très très longs cheveux. Ils sont magnifiques, et épousent sensuellement leur nudité. Le corps de Rohini, abstraction faite de sa peau brune, ressemble à celui des beautés voluptueuses de Renoir; Daya par contre est une fausse maigre. Je l'ai rarement vue aussi remuante, aussi gaie. Est-ce là l'effet de ma « confession » de la journée précédente?

Toutes deux ne cessent de rire devant mes efforts désespérés pour garder ma serviette autour des hanches. Il n'est évidemment pas question que je la laisse tomber, non pas parce que cette partie du corps est tabou en Inde, mais parce que je suis bronzé partout sauf à l'endroit de mon slip de bain. J'ai mis longtemps à comprendre ce que les Indiens pouvaient trouver de ridicule et même de choquant à l'obsession des Européens pour le bronzage, alors qu'eux-mêmes épuisent santé et finances pour blanchir leur teint.

Le soir du même jour, nous atteignons le monastère de Raghoubir, une gigantesque et antique construction surplombant le Gange. Prévenus par les coursiers, des délégations habituelles de prêtres, de porteurs de guirlandes, de torches, et de chasse-mouches en plumes de paon nous attendent sur le parvis. Les rites de bienvenue à Raghoubir terminés, commencent ceux, beaucoup plus longs, réservés aux vaches sacrées. Débarquées de leurs autobus rouges, malgré l'heure tardive, elles se laissent placidement marquer le front de points de couleur et couvrir le corps de fleurs, lorsque tout à coup, sentant une brise venant du Gange, elles se ruent vers le fleuve, bousculant tout le monde au passage...

Vont-elles rester au bord du fleuve ou se laisseront-elles conduire dans les étables spécialement construites pour elles? Après s'être copieusement abreuvées et avoir scruté le ciel, elles s'étendent sur les prés, visiblement décidées à ne plus bouger, peut-être parce que Jupiter, encadré par une multitude d'étoiles, clignote gaiement... Tout s'annonce bien. Même Raghoubir, habituellement sérieux, sourit...

Chapitre 5

Le soleil n'est pas encore levé que des centaines et des centaines de vaches blanches émergent d'un épais brouillard de fine poussière soulevée par leurs sabots. Chaque troupeau, encadré par des bergers, est précédé par des ascètes presque nus, sautillant sur un pied...

Le sage Bagiratha ne s'était pas trompé lorsqu'il disait : « Je rassemblerai mille et une vaches et même plus »... Il est là, à quelques pas de moi, bien en vue sur une motte de terre, debout sur une jambe. De son autre jambe tendue vers le ciel et de ses bras en chandelier, il forme le trident, l'emblème du dieu Shiva, le Créateur du Gange...

Très âgé, Bagiratha ne montre pourtant aucune fatigue. Cela fait déjà trente-trois jours qu'il se maintient ainsi en équilibre, sans dormir, ni manger, à l'exemple du roi des Himalayas dont il porte le nom et qui garda, afin de sauver son royaume de la sécheresse, la même position pendant mille ans!... En récompense, les dieux détournèrent de la Voie Lactée plusieurs rivières qui, réunies à ses pieds, formèrent le Gange.

Aucun doute ne peut se lire, quant à l'issue de sa prédiction, sur le visage de ses fidèles qui le veillent jour et nuit depuis plus d'un mois. Ils représentent toutes les couches sociales de l'Inde, des plus humbles aux plus puissantes. La plupart sont venus avec leur seule et unique vache, tandis que les troupeaux appartenant aux maharajahs en comptent plusieurs dizaines. Elles sont si nombreuses, que de l'endroit où je me suis posté avec ma caméra, j'aperçois à peine les imposants contours du palais-monastère de Raghoubir, dans lequel nous allons vivre avec sa famille, sa cour et ses invités de marque.

Les paysans sont en train de terminer la traite, quand résonne la conque de Swami, le chef astrologue. Aussitôt, ils commencent à verser le lait dans le fleuve... La mortification de Bagiratha vient de prendre fin. Sans se faire aider, il baisse doucement sa jambe restée plus d'un mois en extension verticale, puis pas à pas, très très lentement, il entre dans le Gange dont la transparence se change peu à peu en une opacité d'un blanc presque parfait... Heureux comme un enfant, il asperge ses maigres épaules et ses cheveux à l'aide d'un pot en cuivre, qu'il porte ensuite à ses lèvres et, sans les toucher, verse une petite quantité de cette eau miraculeuse dans sa bouche.

Suivant son exemple, Raghoubir et les autres maharajahs, parmi lesquels son ami Yadavindra de Patiala, Vinoba, l'héritier spirituel du Mahatma Gandhi, entrent dans le Gange suivis de leurs épouses et enfants. Avant d'immerger leurs corps, ils s'agrippent à de solides chaînes fixées à des poteaux enfoncés dans le lit du fleuve. Nous sommes près du confluent des rivières himalayennes et le courant est si rapide que les chaînes sont nécessaires pour éviter d'être emporté. De plus, tout le monde veut rester le plus longtemps possible dans les eaux miraculeuses.

Le spectacle est très émouvant, très photogénique aussi, et ma caméra ne cesse de capter le scintillement de la lumière sur les eaux devenues blanches de lait. Je ne puis cependant m'empêcher de penser aux bébés qui meurent dans des milliers de villages, faute de ce lait que l'on ne cesse de verser dans le fleuve sacré...

Le maharajah Raghoubir est songeur. Personne n'ignore la raison de sa tristesse : il n'a toujours pas de fils. Chacun espère que le bain dans le Gange et surtout que la conque du talisman offerte par les brahmanes vont briser cette malédiction. C'est Bagiratha, lui-même, appelé dorénavant Atcharya ou Maître, qui lui présente la conque remplie d'eau du Gange additionnée d'une quantité secrète de grains de sésame aux pouvoirs magiques. Raghoubir y plonge l'annulaire droit autour duquel il a enroulé une mince tige de basilic. Vishnou et Lakshmi, ses aïeux incarnés dans cette plante, sont ainsi associés à ce rite de fécondité. Les brahmanes lui façonnent sept boulettes de riz, riz cultivé uniquement autour des sept villes saintes de l'Inde. Face au Gange, Raghoubir les aligne sur une tablette et, versant quelques gouttes du nectar de la conque sur chaque boulette, prononce les noms de ses ancêtres...

Près de lui, Swami fait venir un garçonnet dont le visage et le corps ont été enduits de poudre bleu indigo, couleur de la peau du dieu-berger, Krishna. Il conduit la vache préférée de Raghoubir, Blanchette, qu'il voit chaque jour à son réveil. Raghoubir jette des boulettes dans les flots pour qu'elles rejoignent les cendres de ses aïeux que le Gange accueille depuis des siècles. Toutes renferment au moins trois cent trente-trois grains de riz, chacun symbolisant un ancêtre de Raghoubir. Les lois dynastiques exigent des maharajahs trois cent trente-trois générations pour prétendre à la pureté de leur caste... Combien dérisoires paraissent les seize quartiers de noblesse que les royaumes européens demandent à leurs souverains...

Ce n'est cependant pas en roi que Raghoubir se soumet à ce rite, mais en simple croyant. Il prie Swami de marquer le front de Blanchette des trois traits horizontaux de Shiva, le Seigneur des Trois Mondes : celui des Non-Encore-Nés, celui des Vivants et enfin celui des Morts. Il prend ensuite l'oreille de l'animal de sa main droite, dont l'annulaire est toujours entouré de basilic, et y chuchote les syllabes mystiques, appelées mantras, que tous les pères ayant perdu l'espoir d'avoir un héritier prononcent en s'adressant à Shiva : « Fais, ô Seigneur, que j'aie un fils, pour que mon âme renaisse en lui, et que ma famille ne tombe pas dans l'Océan de l'Oubli... » J'ai l'intime conviction que Blanchette réalise l'importance de ce rite car elle l'écoute gravement...

Suivant la coutume, un père sollicitant cette faveur doit faire don de sa vache au brahmane. Celui-ci n'aura ni le droit de la vendre, ni même celui de monnayer son lait. Raghoubir, conscient de l'importance de son vœu, offre Blanchette à Swami et déroule le basilic de son doigt, signe que dorénavant le sort de sa dynastie est laissé au bon vouloir de ses ancêtres...

La cérémonie étant achevée, tout le monde scrute les eaux redevenues transparentes dans l'attente d'un signe : vague de forme inhabituelle, tourbillon, que sais-je, mais comme rien ne vient confirmer que le Gange a agréé l'offrande, tous les regards se portent sur Bagiratha, qui retourne sur son monticule et, assis en tailleur, contemple le fleuve avec bienveillance. Ses disciples et les pèlerins, à son exemple, adoptent la même attitude.

De leur côté, les maharajahs des environs, précédés par les paysans et leurs vaches, se mettent en route les premiers. Leurs enfants, déçus par le calme succédant à tant de ferveur, se mêlent aux animaux qu'ils excitent de leurs cris. Les pèlerins s'éparpillent dans la région, cherchant un gîte dans les nombreux dharamsalas, ou refuges prévus à leur intention.

En qualité d'hôtes, Raghoubir et sa famille assistent au départ de chacun, échangeant les dernières politesses. Avant de le quitter, Yadavindra, son ami fidèle, lui réitère ainsi qu'à moi-même son invitation à Patiala pour l'anniversaire de ses soixante ans, que l'on fête en Inde d'une manière très solennelle. Il devait avoir lieu dans deux semaines.

Yadavindra de Patiala appartenait à cc pctit groupe d'êtres que le destin a choisis pour accomplir des tâches exceptionnelles. Fait unique dans l'histoire de l'Inde, il était l'authentique descendant des fondateurs de deux célèbres races guerrières : celle du mythologique Yadawa – père des « Fils du Soleil » – ainsi nomme-t-on les Rajpoutes, d'où son prénom Yadavindra, et celle du dernier prophète Sikh, Gobind.

De grande taille, environ deux mètres, il en paraissait davantage encore avec le turban, l'inamovible emblème extérieur caractérisant ces deux races. En tant que chef coutumier des quinze millions de Sikhs, comme eux, il ne taillait jamais sa barbe et la maintenait par une résille afin qu'aucun poil ne tombât. Selon les Sikhs en effet, les poils emmagasinent au fil des années toutes les forces viriles.

Passionné par le prestigieux passé de l'Inde et par ses monuments, ce très puissant maharajah patronna pendant des années mes travaux et films archéologiques. Tout ce qu'il me demandait en contrepartie, c'était de le guider, accompagné de sa famille, à travers la France qu'il aimait visiter simplement comme n'importe quel touriste. Les Patiala considéraient notre pays comme leur deuxième patrie. Leurs pères et oncles, à la tête de leurs régiments sikhs, combattirent courageusement durant la Première et la Seconde Guerre mondiale sur tous nos champs de bataille. Notamment près de Cambrai, à Verdun et sur la Marne, où la visite de leurs tombes était souvent au programme de nos randonnées...

Chapitre 6

La cérémonie du Sauvetage du Gange, comme les autres cérémonies hindoues, peut paraître incompréhensible aux Occidentaux, voire même un peu ridicule, mais comme par « enchantement » les pluies se mirent à tomber dès le lendemain... La nouvelle de la pénitence de Bagiratha s'était propagée à travers l'Inde, on ne parlait plus que de lui et de son mécène, Raghoubir. Étant le dernier descendant de Hari-Vishnou, on espérait que ce dieu le récompenserait en lui donnant un héritier. Raghoubir le saurait en interrogeant l'image de Vishnou qui trône dans le grand temple fondé par sa famille « au début du Monde », à Hari-dwar où il avait décidé de se rendre.

Située non loin de son monastère, Hari-dwar, la porte de Hari-Vishnou, est devenue la deuxième ville sainte de l'hindouisme. Son conseil municipal, conscient de l'importance de cette visite, s'était massé au grand complet – soit une centaine de personnes – aux portes de la ville, de part et d'autre de la voie principale. Chaque membre tenait à la main une branchette de basilic, plante sacrée de Vishnou, comme l'on sait. Élus sur la liste de Mme Indira Gandhi, donc peu favorables à l'ancien régime, ils manifestaient ostensiblement au maharajah qu'il était le bienvenu en tant que dieu vivant et bienfaiteur de Hari-dwar, mais non pas comme roi.

Raghoubir dédaigna ce message. Sa limousine suivie de son cortège continuait à avancer, obligeant les notables à s'écarter, pour ne s'arrêter que devant le parvis du Grand Temple. Une foule immense s'y était déjà rassemblée. J'avais l'impression de n'avoir vu une telle multitude qu'à Bénarès. Les prêtres, en toges orange aux plis savamment composés, s'étaient placés le long d'un large tapis rouge recouvert de pétales de roses. Ils avaient soigneusement peint sur leur front trois larges traits verticaux, blanc-rouge-blanc, signe de leur fidélité à Vishnou, et par là même, au maharajah. Le plus important d'entre eux s'approcha de la limousine, formula des souhaits de bienvenue à Raghoubir qui descendit, et l'accompagna jusqu'à un banc de marbre pourvu d'accoudoirs. Le rituel exigeait qu'il se laissât déchausser et posât son pied droit sur un petit tabouret pour offrir un peu de son énergie divine aux brahmanes. Aussitôt, un à un, ils touchèrent religieusement l'orteil royal uniquement de la main droite qu'ils portèrent ensuite à leur poitrine et à leur visage, avant de se retirer en reculant...

Pourquoi l'orteil droit? Parce que, disent les Écritures : « Comme la pluie bénéfique vient du ciel et touche la terre, l'Énergie Divine traverse le côté droit du corps du roi, réceptacle d'énergies, et s'arrête dans ses orteils », où elle sommeille...

Après cet hommage solennel, Raghoubir se rendit pieds nus au temple. Il était si resplendissant que j'avais l'impression de voir le Vishnou des images pieuses. Chaque partie de son vêtement, chaque pierre précieuse qu'il arborait symbolisaient les attributs du dieu-ancêtre qu'il allait honorer dans quelques instants dans le sanctuaire du temple. Sa robe rouge lamée d'or était ceinte d'une écharpe jaune safran, signe de sa fidélité au livre des Védas, la « bible » de l'hindouisme.

Il marchait très lentement, se retournant tous les cinq pas et s'immobilisant pour « s'offrir à l'admiration » de la foule. Le silence devenait alors si profond, si dense, que le ronronnement de ma caméra en devenait sacrilège. Mes scrupules, toutefois, n'étaient pas fondés, car les fidèles n'avaient d'yeux que pour la broche sertie de diamants qui enluminait son turban, et dont la pierre centrale, dite « Soleil de Vishnou », avait la taille d'un œuf de pigeon. Elle était entourée de huit diamants, un peu plus grands que des pois chiches, symbolisant les huit incarnations de Vishnou. Selon la tradition, le rayonnement de ce joyau était bénéfique non seulement aux hommes, mais aussi aux animaux, d'où la présence de nombreuses vaches dans la foule, auxquelles s'étaient jointes les nôtres, « coiffées » de cornes peintes en bleu très sombre, couleur de Vishnou. Des enfants, juchés sur les épaules de leurs pères, brandissaient vers le maharajah des cages contenant des passereaux bleus que l'on appelle ici kat-foriya ou pic-noisettes. Les mères, quant à elles, étaient fascinées par le collier de huit gros saphirs qui ornait la poitrine de Raghoubir. Chaque pierre représentait une victoire de Vishnou sur un fléau ou un vice ayant menacé les êtres vivants : bêtes sauvages, maladies, démons, incendies, avarice, débauche, jalousie, ennui... C'est pourquoi le maharajah est appelé ici : Hari-le-Libérateur...

Avant de pénétrer dans le temple, Raghoubir toucha la plus vénérable relique de l'Inde, l'empreinte du pied de Vishnou, qui au sortir de son bain dans le Gange en marqua volontairement le sol afin que fut érigé son temple à cet endroit précis... Aucun non-hindou n'est autorisé à s'approcher de cette marque divine. A l'intérieur du temple aura lieu « l'entretien secret » entre Raghoubir et son aïeul Vishnou, sculpté dans un gigantesque bloc de roche noire... Trois cent trente-trois brahmanes le vénèrent en permanence, l'habillent, lui donnent à manger, le distraient...

Raghoubir, très anxieux, entra dans le sanctuaire. Une seule question le hantait : aurait-il jamais un fils?... Le temps de la prière, on le vit ressortir le visage rayonnant, les paumes ouvertes vers le ciel, et s'asseoir sur le banc-trône pour un long darshan, accordé cette fois à tous les fidèles. Un à un, ils s'avançaient, le fixaient des yeux, puis laissaient place au suivant sur un signe du chef de cérémonie, de qui dépendait la durée du darshan. Il la prolongeait si le fidèle était malade, car le rayonnement qui émanait de Raghoubir à cet instant pouvait provoquer des miracles... Les plus méritants avaient le privilège de se prosterner devant lui, de toucher avec deux doigts de la main droite le bracelet d'or de sa cheville droite, insigne des rois d'origine divine... De cette même façon, dans les temples, on remercie les idoles d'avoir accepté de cohabiter avec les humains...

Les hauts fonctionnaires de la République, venus par curiosité avec leurs familles, furent irrésistiblement gagnés par la ferveur populaire et s'empressèrent eux aussi de profiter de la sainteté royale. Malgré l'assistance des policiers, pourtant prodigues de coups de bâton, ils eurent beaucoup de mal à se frayer un chemin jusqu'au maharajah. Le préfet avec son petit garçon juché sur les épaules y parvint pourtant au détriment de son costume, et au prix d'une véritable percée de rugbyman, poussé par son épouse et sa belle-mère... Amresh évita le pire en les empêchant in extremis de s'étaler tous quatre sur le tapis! Ayant les mains vides, geste inamical vis-à-vis du temple pour un nouveau maître de la région, il dut à sa grande déception renoncer au darshan. Raghoubir respectait scrupuleusement la coutume millénaire qui exigeait, de tous ceux qui touchaient les divinités, l'offrande dans le creux des mains du nazar, c'est-à-dire, comme nous le savons déjà, une pièce d'argent, d'or, ou un bijou.

Si le maharajah appréciait le nazar, il l'effleurait de son inséparable branchette de basilic. Bien entendu, quel que fût le présent, il ne le prenait jamais, même s'il s'agissait d'un bijou de grande valeur. Cette non-acceptation des cadeaux, contraire à notre mentalité, s'explique aisément par la peur viscérale de la souillure attachée aux objets étrangers qui hante tous les hindous sans exception.

Raghoubir regagna sa limousine, qui disparaissait sous les œillets et les roses d'Inde, offerts par ses fidèles, et dont le parfum éloigne les mauvais esprits. Il s'arrêta plus loin, sur une petite place, où tous les membres du conseil municipal l'attendaient avec déférence au pied d'une statue blanche représentant cette fois le Créateur du Gange, Shiva, un dieu presque aussi important que Vishnou dans le panthéon hindou. La rivalité qui existait jadis entre ces divinités pour s'attribuer le plus grand nombre de fidèles a traversé les âges sans que s'altère l'attachement des dévots de l'un ou de l'autre...

Shiva est assis à l'indienne sur un socle en forme de lotus aux pétales ouverts et tient dans deux de ses six bras, au-dessus de son abondante chevelure, des vases d'où s'écoule l'eau de son fleuve. Cette statue en ciment peint a toujours beaucoup de succès auprès des gens du peuple. « Elle fait vrai », c'est-à-dire que la couleur de la peau de ce dieu-yogi restitue fidèlement celle de Shiva, qui saupoudrait son corps avec la cendre des morts pour prouver aux miséreux que l'on peut être heureux en dormant sur des cendres et en se nourrissant d'air et d'eau. Malgré cela, la population de l'Inde, très pauvre dans sa majorité, préfère Vishnou. Pourquoi ?

– Parce que, me disait un jour la reine mère, c'est un dieu rassurant alors que Shiva fait peur. Il a inventé la reproduction des hommes, d'accord, mais il les abandonne dès leur naissance... sauf s'ils deviennent ascètes et se promènent nus, comme lui...

Aujourd'hui, la reine mère n'était pas avec nous. Fatiguée, elle était restée au monastère. De toute façon, elle détestait tout ce qui était officiel et n'appréciait nullement le style néo-réaliste dans lequel était représenté, outre Shiva, le mahatma Gandhi, présent dans bon nombre de villes indiennes. Cette mode venait de l'Union soviétique des années cinquante, époque où ce pays se déclarait « l'ami sincère de l'Inde »... Au contraire de la reine mère, Kamala, la fille de Raghoubir, bien que descendante de Vishnou, insista pour voir la statue du « cousin » Shiva, ne fût-ce qu'au travers de la vitre de sa voiture.

La veille de notre arrivée, la rani de Bhari, pourtant vishnouiste convaincue, racontait à qui voulait l'entendre que « l'artiste voulant rendre son œuvre encore plus vivante, l'avait non seulement enduite de cendres provenant de corps incinérés à Bénarès, mais avait aussi équipé l'intérieur de la statue d'une machine aspirant directement l'eau des rivières himalayennes Bagiratha et Kedara, sources originelles du Gange, afin d'humidifier le corps de Shiva »...

Le maire avait fait dérouler le tapis rouge, mais Raghoubir ne se donna pas la peine de sortir de sa voiture. « Laissez la portière ouverte », fit-il en mettant en évidence son pied. Tous les notables sans exception s'agenouillèrent servilement pour effleurer le royal orteil « dispensateur de fluides bienfaisants ».

Tout à coup, un camion déboucha sur la place... Le chauffeur, apercevant trop tard le tapis rouge, freina en catastrophe... Le véhicule dérapa sur les flaques d'eau répandues par la fontaine, partit en crabe sur le trottoir et percuta l'aile arrière de la Rolls de Kamala au moment où elle acceptait, par la vitre baissée, une guirlande de fleurs des mains du maire. Ce dernier, alerté par les cris de la foule, eut juste le temps de rouler sur lui-même pour échapper aux roues meurtrières. Malheureusement, le choc de la collision projeta Kamala contre un montant de la portière... Assommée, elle glissa inconsciente sur la banquette...

J'accourus en me frayant difficilement un chemin à travers la foule de badauds. Raghoubir, désemparé, se tenait déjà auprès de sa fille et m'apprit, à ma grande stupeur, qu'il lui était interdit ainsi qu'à son prêtre-médecin d'éponger le sang qui couvrait le front de Kamala ; aussi me pria-t-il de le faire avec les pans du sari. Je m'exécutai. La bosse révéla une profonde et large plaie. M'adressant à Raghoubir et au maire à peine remis de ses émotions, je les engageai à trouver au plus vite un médecin occidental... Le maire, désolé, affirma n'en pas connaître... Après une minute de réflexion, il me montra des Européens dans la foule et ajouta : « S'il y en a un, il loge certainement dans le monastère des Beatles. Demandez-leur. C'est là maintenant que séjournent tous les Occidentaux. »

Je les rejoignis et m'informai en anglais. Ils étaient américains, tous de passage, et pas un seul n'était médecin... Ils ne connaissaient même pas l'existence du monastère des Beatles. Attirés par la présence « de toutes ces voitures de luxe autour de la curieuse statue blanche », ils s'étaient approchés pour voir...

J'entendis soudain derrière moi une voix masculine suggérer en français : « Claire, tu pourrais l'aider ! Dis-lui que tu es médecin »... « Je veux bien, répondit une voix douce, mais mon anglais n'est pas fameux »... Je tournai la tête et vis une jeune femme d'une trentaine d'années, vêtue d'une chemisette très échancrée et d'un jean délavé moulant avantageusement ses formes. Un bandeau rouge dans ses cheveux bruns et de grandes lunettes aux verres teintés complétaient un ensemble fort séduisant.

– Quelle chance ! Je vous remercie d'avance pour votre aide, lui dis-je. Une jeune fille est sérieusement blessée, si vous le permettez, je vais vous conduire vers elle...

Et sans lui laisser le temps de revenir de sa surprise, je la devançai en criant aux badauds de s'écarter et la conduisis à la voiture de Kamala, tout en l'interrogeant.

– Êtes-vous médecin, madame ?

– Oui, je le suis, mais vous-même, qui êtes-vous ?

– L'aide de camp du maharajah Raghoubir du Rajasthan, celui que vous voyez, en toge et turban rouges.

Elle jeta un coup d'œil incrédule sur Raghoubir et, feignant la plus complète indifférence, elle ajouta :

– Ah oui, celui qui se fait polir les orteils... Je l'ai aperçu tout à l'heure.

Raghoubir nous regardait venir, très surpris à la vue de la jeune hippie, comme d'ailleurs le maire et les autres dignitaires de la ville.

– Altesse, une doctoresse française en visite à Hari-dwar accepte de soigner votre fille ; puis j'ouvris en grand la portière de la Rolls, où Kamala était étendue inconsciente.

– Avez-vous une trousse de premiers secours ? demanda la Française sans se retourner.

Je la réclamai au chauffeur, car je savais qu'il en avait une. La doctoresse y prit des bandes de coton, du sparadrap et deux flacons. L'un était vide bien sûr car c'était celui de l'alcool, l'autre plein d'un liquide brunâtre.

– On a du pot, murmura-t-elle, c'est de la teinture d'iode. Et, avec des gestes décidés, très professionnels, elle nettoya la blessure sur le front de Kamala.

Raghoubir la regardait faire, sans dire un mot, puis s'informa en goudjérati :

– Êtes-vous sûr que votre Française est un vrai médecin ? »

Qu'il s'exprimât en goudjérati, alors qu'on ne parlait ici que le hindi, me rendit songeur... De quoi avait-il peur ? Je regardai attentivement les compagnons de notre Française, un couple d'Européens et un jeune Indien. Ils se tenaient à l'écart. L'Indien n'était certainement pas un serviteur, ni un guide, sa tenue et son comportement trahissant son appartenance à une classe aisée. Je crus deviner alors les pensées du maharajah. Jaugeant la jeune femme d'après sa mise hippie, il la soupçonnait d'être une de ces aventurières européennes en quête de jeunes Indiens naïfs et riches. Si j'avais encore des doutes, ceux-ci se dissipèrent dès que Raghoubir me demanda, toujours en goudjérati :

– De quelle caste est-elle ?

– C'est très difficile à définir d'un coup d'œil, Sire, mais même si elle n'est pas doctoresse, c'est une bonne infirmière, constatez-le vous-même.

Il me fixa longuement... Lui aurais-je manqué de respect ? Mais pourquoi en fait avais-je pris le parti de cette femme ? Parce qu'elle était française ? Ou plutôt parce qu'elle n'était pas mal du tout ?...

Kamala, ranimée par les picotements de la teinture d'iode, faillit de nouveau s'évanouir à la vue de l'étrangère. Elle la dévisagea, puis gémit d'une toute petite voix en touchant son pansement. La doctoresse en écarta alors doucement sa main et, en français, la rassura :

– C'est fini, c'est fini, mademoiselle, c'est fini.

– Mademoiselle? répéta Kamala toute songeuse... mademoiselle, puis lentement, elle demanda : C'est fini? vraiment?

– Elle parle français! répliqua, très étonnée, notre femme-médecin en se tournant vers moi. Tout le monde parle français ici? Vous tournez donc un film?

Avant que je puisse répondre, elle ajouta :

– Il faudrait lui faire rapidement des points de suture car la blessure est profonde!

– Je vais avertir son père... Non, ce n'est pas du cinéma, madame, son père est un authentique maharajah, c'est-à-dire un ancien roi des Indes, et cette ville fut fondée par ses ancêtres...

Quelque peu déroutée par ma réponse, elle reprit d'une voix hésitante :

– Au fait, je me présente, mademoiselle Claire Davier de Bordeaux, docteur Davier, pour vous servir...

Notre conversation fut interrompue par les plaintes de Kamala :

– J'ai mal à la tête, très mal...

La doctoresse lui appliqua une compresse d'eau fraîche qui parut la calmer.

– Il faut la conduire chez un médecin qui posera des agrafes si l'on veut éviter une disgracieuse cicatrice sur le front.

– Est-ce aussi sérieux que cela? Il n'y a pas de médecin occidental à Hari-dwar et on n'y soigne personne à la manière européenne. Le maharajah y est venu en visite officielle et, bien que nous n'habitions pas loin d'ici, excepté l'aspirine et quelques baumes, nous sommes à la merci des dieux!... Devons-nous faire transporter Kamala à Delhi? Le trajet nécessite environ six heures de route, qu'en pensez-vous?

– Elle a de la fièvre, il serait risqué de prendre la route de Delhi que je connais pour l'avoir empruntée hier, elle n'est vraiment pas fameuse... Je lui poserai les agrafes moi-même... On va les bricoler... Dites à son père que je peux le faire. S'il est d'accord, je retournerai à l'auberge où je suis descendue, j'emporte toujours ma petite trousse médicale dans mes bagages et heureusement des antibiotiques. Faisons vite!

– Une seconde, mademoiselle, s'il vous plaît, voulez-vous auparavant accepter la guirlande d'œillets des mains du roi?

– Quoi? Mais vous n'y pensez pas! On va perdre du temps à tous vos trucs, le mien compte aussi, je suis ici en vacances...

– Mademoiselle Davier, cela est très important pour Kamala. Quand elle verra que vous acceptez les fleurs, elle saura que son père a toute confiance en vous!

– Eh bien, si vous insistez... mais je ne comprends pas, on n'est pas à Versailles!

Le regard oblique qu'elle me jeta était très éloquent : rien ici, pensait-elle, n'était tout à fait normal. Si elle avait su combien de fois je m'étais moi-même posé cette question à la cour de Raghoubir...

D'un pas vif, elle s'approcha du maharajah. Celui-ci prit des mains du maire une guirlande d'œillets et de roses d'Inde, et la passa autour du cou de la jeune femme en la remerciant en français : « Merci, merci, medmozel! »

Tandis que la « medmozel » rejoignait ses amis, je confirmai à Raghoubir ma conviction qu'elle était vraiment médecin. Tranquillisé sur ce point, il admit tout ce qu'elle proposa, parce qu'il savait que la blessure de Kamala était sérieuse et qu'il avait peur de voir une vilaine cicatrice sur le front de sa fille, là où l'on dessine le point rouge du bonheur...

Avec sa promptitude habituelle, il la fit immédiatement transporter dans sa limousine et, puisque la Rolls de Kamala, sauf une aile cabossée, n'avait rien, il la mit à ma disposition, exigeant du maire qu'il prît place à côté du chauffeur afin de nous assurer une rapide traversée de sa ville. C'était une tâche difficile, la foule était devenue très compacte; des pèlerins attirés par la présence du maharajah s'étaient joints aux badauds.

Le maire, un homme débonnaire âgé d'une soixantaine d'années, était très fier de cette mission et il commença par donner à voix haute ses directives au commandant de la police. Je cherchai des yeux la doctoresse. Elle était avec ses amis, qui semblaient totalement dépassés par les événements. Je m'avançai. Elle me les présenta et me signala que la voiture de leur compagnon indien, garée à une centaine de mètres, était bloquée par plusieurs véhicules. Aussitôt deux policiers s'y rendirent tandis que le maire, la doctoresse, le couple d'amis et moi-même partîmes dans la Rolls en direction de l'auberge, escortés par une dizaine d'agents à pied, qui, en courant, nous ouvraient un chemin à travers la foule, à coups de leurs longs bâtons de bambou...

Pour quelqu'un qui ne connaît pas l'Inde, ce traitement pouvait sembler cruel, et il l'était pour nos Français. La doctoresse fut même franchement scandalisée.

– Monsieur, nous n'avons pas encore vu grand-chose en Inde, puisque nous y sommes depuis une semaine seulement, mais traiter ces gens de la sorte... et des adolescents encore...

En effet, les policiers étaient en train de chasser durement quelques jeunes garnements. Ceux-ci, afin d'éviter les coups, plongeaient dans la foule et peu de temps après surgissaient hilares devant nos vitres...

Je m'abstins de tout commentaire pour ne pas effaroucher les amis de la doctoresse sagement assis sur les strapontins. Il me semblait cependant que ce n'était pas l'injustice sociale qui les rendait muets, mais plutôt l'intérieur de notre voiture. Celle-ci était entièrement tapissée de brocart rose à l'instar d'une bonbonnière; et l'éclairage continu des appliques de cristal en forme d'étoile créait une ambiance un peu irréelle.

– C'est la voiture privée de la jeune princesse, fis-je... Bien sûr, cet éclairage permanent est gênant, mais il s'agit là d'une politesse des maharajahs et de leurs familles envers leurs fidèles... Ceux-ci peuvent ainsi les voir nettement, et les admirer même de loin sans prendre le risque de se faire écraser en collant leurs visages aux vitres des véhicules en marche.

Notre voiture, précédée par une jeep de la police munie d'une puissante sirène, contourna la gare ferroviaire et se dirigea vers le quartier des auberges. Au bout de quelques minutes, le maire tapota la glace de séparation pour me signaler que nous arrivions devant le gîte de la doctoresse.

– Ce maire, railla-t-elle, est-il aussi au service de votre maharajah? Je pensais qu'il n'y en avait plus!

Que devais-je répondre? En effet, il y a plusieurs années, les autorités de la République supprimèrent l'usage officiel du titre, mais comment expliquer en quelques mots l'impossibilité pour qui que ce soit d'effacer d'un trait de plume une dignité plusieurs fois millénaire...

– Pour le maire de Hari-dwar, Raghoubir est bien plus qu'un maharajah, il est le plus grand bienfaiteur du monde... C'est uniquement grâce à ses millions de fidèles venant admirer devant le grand Temple l'empreinte du pied de son ancêtre, le dieu Vishnou, que Hari-dwar vit. D'ailleurs, terminai-je, voyez comme notre homme se pavane!... Il est grisé et fier d'être assis à côté du chauffeur. S'il pouvait ouvrir la vitre jusqu'au marchepied, il le ferait sans hésiter. Bien qu'il appartienne au parti du pouvoir hostile aux maharajahs, le fait de rendre service à Raghoubir et à sa fille est une aubaine miraculeuse. Il doit nous escorter jusqu'au chevet de la princesse... Vous verrez, il s'aplatira devant elle comme le plus humble des serviteurs en lui demandant pardon pour la route mouillée. Par ailleurs, je suis certain que sans cette collision il n'aurait jamais approché d'aussi près un dieu vivant, ni bénéficié aussi longtemps de l'ambiance bienfaisante de cette voiture imprégnée des fluides saints de Kamala... Vous savez, aux yeux de tous les pèlerins, elle est une fée, si l'on ne veut pas employer son titre officiel de « demi-déesse »...

– Alors, monsieur, demanda timidement l'amie de la doctoresse, pour Claire, mon mari et moi-même, c'est aussi une chance d'être dans sa voiture?

– Qui sait, madame, mais on ne doit jamais le dire en Inde. « La chance est la nourriture des dieux », affirme-t-on ici, il ne faut pas l'annoncer, mais la laisser venir et... en tirer profit...

La voiture s'arrêta et la doctoresse se hâta vers son hôtel. En l'attendant, j'essayai de bavarder avec ses amis. Ils n'étaient pas très loquaces, mais j'appris tout de même qu'ils étaient dans l'enseignement et habitaient près de Bordeaux. En me répondant, la jeune femme trifouillait dans son sac placé sous son strapontin, par timidité sans doute. Elle semblait être un peu plus âgée que son amie la doctoresse. De type nordique, forte de corps et de poitrine, elle avait un visage taché de son et des yeux très bleus. Elle n'était pas à proprement parler une beauté, mais sa gaucherie la rendait plutôt sympathique...

Son mari, du même âge qu'elle, était lui aussi d'apparence robuste. En revanche, ses cheveux étaient fort clairsemés et ses yeux gris, un peu froids, étaient agités de tics tandis que son corps restait immobile, comme tassé sur l'autre stapontin. J'ignorais encore le son de sa voix... Il ne cessait de remuer la tête et écarquillait les yeux, scrutant chaque détail de la « bonbonnière ». En apercevant le frigidaire placé entre sa femme et lui, il eut une moue dédaigneuse. Sur une petite coiffeuse il considéra d'un œil critique un carafon en cristal contenant un liquide doré, et prit un air entendu qui pouvait signifier : « Tiens, la petite boit du whisky »... Non, je ne lui dirai pas qu'il se méprenait sur le contenu du flacon. C'était de l'eau de rose bien innocente servant à assainir l'air...

Tout à coup, son visage prit une expression franchement dégoûtée à la vue d'une mince tige de bambou accrochée sous la coiffeuse. Chaque bout se terminait par une minuscule main en ivoire. Les doigts de l'une d'elles étaient recourbés comme une griffe, et sur l'autre main seul l'index pointait. Il haussa les épaules. A l'évidence il n'avait jamais vu de gratte-dos et de gratte-cheveux, objets très appréciés dans les pays chauds...

Tout en disséquant l'intérieur de la Rolls, le bonhomme tripotait continuellement l'appareil photo pendu à son cou. Il n'osait pas me le demander, mais j'étais sûr qu'il brûlait d'envie de se faire photographier devant la voiture, avec le maire de Hari-dwar qui était pour lui le type même du « sauvage ». Quelle sensation ce serait de se montrer à ses amis en compagnie de cet homme marqué au front de larges lignes verticales blanches et d'une sorte de pastille pâteuse faite, certainement, avec du sang...

Malheureusement pour lui, profitant d'un arrêt, le « sauvage » était descendu de la voiture pour saluer ses électeurs qui nous cernaient, si bien que les policiers durent interrompre la circulation dans la rue. Prévenus mystérieusement, sa femme et ses enfants arrivèrent dans une voiture passablement fatiguée datant du temps des Anglais. Le véhicule avait été escorté par des coureurs municipaux munis de lanternes à pétrole, qui, bien qu'exténués, les maintenaient encore fermement sur leurs têtes. Ils se placèrent aux endroits sombres de la longue rue qu'éclairaient seuls deux réverbères électriques...

L'après-midi traîne un peu sous les tropiques alors que la nuit tombe subitement, comme un vélum géant, opaque et oppressant. Les clameurs de la foule, les altercations entre policiers et badauds, les radios des boutiques dont le volume était au maximum afin d'attirer les clients, tout ce tohu-bohu accablait notre couple qui avait choisi cette auberge, soit par économie, soit par goût de la couleur locale. La femme, comme si elle lisait dans mes pensées, se tourna vers moi.

– Mon mari et moi supportons bien la chaleur et la promiscuité des vaches, par contre les odeurs de fruits en décomposition, la fumée âcre de l'encens et l'insistance tyrannique des camelots nous écœurent...

Le maire revint accompagné de sa fille, une charmante petite maigrichonne d'une dizaine d'années aux très beaux yeux noirs, des yeux si grands que l'on ne voyait qu'eux. Nullement impressionnée, elle m'exprima son respect en joignant les mains, puis me demanda en hindi si elle pouvait voir « la maison roulante de la princesse Kamala ».

Avec le même sérieux, je fis un signe de tête affirmatif. Elle admira d'abord les appliques en cristal l'une après l'autre, le téléphone intérieur tout blanc fixé au montant de l'habitacle, puis son regard s'arrêta sur le visage et les yeux de l'amie de la doctoresse... Croyant qu'il s'agissait de la maharani, la mère de Kamala, elle posa son front sur ses pieds, longuement... La Française, très émue par cet hommage inattendu, ouvrit ses bras pour l'embrasser. J'eus tout juste le temps de lui saisir les mains, à sa grande surprise, et de lui dire que cela ne se faisait pas dans ce pays. Les Européens ne doivent même pas effleurer les enfants, surtout ceux d'une caste élevée. Décontenancée, la pauvre se mit à pleurer doucement, puis se blottit dans les bras de son mari.

La fillette, troublée par cet incident, se mit à pleurer elle aussi, pensant qu'il s'agissait de la santé de Kamala. Je la rassurai, en disant que la princesse allait mieux, et que la dame était une amie. Notre Française murmura d'une voix désolée :

– Excusez-moi, monsieur... Je n'ai même pas retenu votre nom, excusez-moi... Ce qui arrive est tellement inattendu... j'en suis malade, j'ai même un peu peur...

Comme si sa crise de nerfs ne suffisait pas, une nuée de moustiques nous submergea subitement. Leur présence était normale, si l'on peut dire, en cette période de l'année, mais leur nombre provoqua aussitôt un concert assourdissant de klaxons. Immobilisés dans l'embouteillage, la plupart des conducteurs, dont les véhicules étaient dépourvus de vitres, et qui constituaient des proies faciles, devenaient furieux.

Fort heureusement, la doctoresse apparut, toute pimpante, sur le seuil de l'auberge. J'étais content qu'elle se fût changée. Elle portait maintenant une élégante saharienne beige sur une jupe vert foncé, et était chaussée d'escarpins blancs, juste ce qu'il fallait à une doctoresse européenne se rendant à la cour d'un roi indien.

En montant dans la voiture, elle se rendit compte de la

nervosité de ses amis, mais n'y prêta guère attention. Ceux-ci, avant de la quitter, l'embrassèrent rapidement, puis se regardèrent mutuellement comme s'ils voulaient dire quelque chose, mais tout ce qui sortit de leur bouche fut un timide « au revoir » de la femme et un « hum, hum quelque chose » du côté de l'homme. Ils firent tout de même un signe de tête amical au maire et s'éloignèrent, aussitôt harcelés par des vendeurs de cacahuètes et des mendiants jusque-là tenus à distance par les policiers. Ouf! Mais qu'est-ce que c'étaient que ces gens-là!

Chapitre 7

Les quelques dizaines de kilomètres qui nous séparaient du monastère furent franchis en un temps record grâce aux dispositions prises par le maire et son chef de la police. La circulation sur toutes les routes transversales était stoppée hors de la ville, et des porteurs de lanternes, espacés chacun d'une centaine de pas, éclairaient les intersections. Profitant de ce répit, je demandai à la doctoresse comment elle avait trouvé le Gange à Hari-dwar?

– Trop dangereux, le courant était si fort que je m'imaginais mal dans ce fleuve, agrippée à une chaîne comme le faisaient tous les pèlerins. En revanche, j'ai eu la surprise d'y découvrir que son eau était très propre... La buvez-vous, monsieur?

– Oui, après l'avoir bouillie et filtrée. Dès que nous serons au monastère, je demanderai que l'on vous donne un grand thermos... Vous aurez une chambre très confortable, à côté de celles de la princesse et de la mère du maharajah, que vous n'avez pas encore vue dans le cortège. Elle ne parle pas très bien le français, mais elle connaît la France où elle a fait de nombreux séjours...

– Vous savez, dit-elle songeuse, le monde dans lequel je suis entrée par le plus grand des hasards – vous êtes bien placé pour le savoir – m'étonne de plus en plus. Ce n'est pas l'Inde dont parlent les journaux chez nous. A Hari-dwar qui est, m'a-t-on dit, la deuxième ville sainte de l'hindouisme, je n'ai vu personne mourant de faim ou de maladie.

– C'est exact, mais cette Inde-là existe dans les grandes villes industrielles, comme Calcutta... Je sais par votre amie que c'est là le but de votre voyage.

– Oh, mes amis ont préparé leur itinéraire, moi, c'est autre chose... Je les accompagne simplement, je suis venue surtout pour me dépayser... Je saute du coq à l'âne, excusez-moi, mais pourrai-je prendre un bain là où nous allons?

– Un bain, non, mais une excellente douche, oui.

– Encore une... mais pourquoi pas de bain?

– Les hindous détestent l'eau stagnante, en revanche l'eau qui coule emporte toutes les impuretés... Par ailleurs n'utilisez surtout pas votre savon...

– Tiens, et pourquoi?

– Le maharajah et sa cour, comme la majorité des hindous, désapprouvent l'abattage des animaux. L'idée d'entrer en contact avec de la chair morte leur fait horreur, et le savon contient du suif, de la vache notamment...

– Je n'avais jamais pensé à cela...

– Ne vous inquiétez pas, vous aurez tout le nécessaire, depuis la pâte d'argile à l'huile d'amandes pour votre toilette, jusqu'à la poudre grisâtre pour votre lessive si vous tenez à la faire vous-même. Cette poudre est non toxique, non polluante, et préserve les tissus délicats. Il s'agit de coquilles de noix provenant d'un arbre qui s'appelle rita, comme le prénom.

Comme elle s'émerveillait de ma science, je lui expliquai que je venais pratiquement chaque année en Inde pour filmer la vie des hindous appartenant à toutes les couches sociales...

– Je comprends maintenant pourquoi votre roi-tout-en-rouge-tout-en-diamants vous écoute... J'ai beaucoup de questions à vous poser... elles sont dans ma tête, mais dès que je veux les formuler, c'est le trou... Ah oui, pour revenir à ma patiente, Kamala, ce prénom charmant signifie-t-il quelque chose?

– C'est l'un des noms de la déesse de la beauté et de la richesse, la femme du dieu Vishnou, l'arrière, arrière-grand-mère de Kamala.

– Soyez un peu sérieux...

– C'est la stricte vérité, mademoiselle Davier. Son père, l'imposant « Roi-tout-en-rouge-tout-en-diamants », comme vous l'appelez, est considéré par des millions d'hindous comme l'authentique descendant de ce dieu!

– Quel pays! Il est donc l'un de ces gourous qui, périodiquement, emballent les Européens comme les Beatles dont vous parliez ce matin? J'étais au courant de leur séjour en Inde, mais je ne savais pas que cela s'était passé non loin d'Hari-dwar. Nous allons donc dans ce monastère?

– Pas du tout. Cela n'a rien à voir avec ces gourous-charlatans! Le maharajah Raghoubir est avant tout le cent trentième roi de l'une des plus anciennes familles régnantes de l'Inde; si ancienne que ses origines se confondent avec la création des montagnes, des forêts et des fleuves. C'est pourquoi ses ancêtres construisirent ici, ainsi que dans d'autres villes saintes de l'Inde, des palais-monastères. Mais nous sommes arrivés... aussi ai-je juste le temps, docteur Davier, de vous recommander de ne pas tendre la main la première à qui que ce soit, excepté à Kamala, et de ne pas refuser l'aide des servantes chargées des vases d'aisances dans votre salle d'eau. Si vous les chassez, elles perdront la face vis-à-vis des autres domestiques, et croyez-moi, elles sont déjà assez malheureuses comme ça...

En arrivant devant le parking du monastère, je constatai qu'entre-temps Raghoubir avait fait abattre le petit portail qui empêchait auparavant les voitures des visiteurs d'entrer dans le parc. Nous le traversâmes en roulant sur le chemin piétonnier, et accédâmes au perron du bâtiment central où la reine mère, accompagnée du maître de cérémonie, nous accueillit. La plupart des serviteurs portaient des lampes à pétrole sur la tête, d'autres agitaient des bâtonnets décorés d'œillets d'Inde et de plumes de paon...

– Encore des guirlandes? s'étonna la doctoresse à leur vue.

– Non, seulement des chasse-moustiques... Il n'y aura plus de cérémonies, mademoiselle Davier. La dame âgée que vous voyez sur le perron est la mère du roi. Si elle vous tend la main, prenez-la très légèrement, s'il vous plaît. Je sais que cela est très exaspérant pour un médecin lorsqu'il y a une urgence, mais vous êtes entrée dans un monde différent du nôtre, un univers de conte de fées, même s'il est difficile de suivre ses coutumes...

Je l'aidai à sortir de la voiture.

– Vous pourrez poser les agrafes sans perdre une minute, car avant de partir avec vous j'ai indiqué ce qu'il vous fallait au maître de cérémonie. C'est le moustachu au turban bleu-rouge qui se tient en haut des marches, un homme très compétent.

Comme je le pensais, la reine mère tendit la main à Mlle Davier. Tout commençait bien. Amresh, quant à lui, était tellement captivé par la jeune femme qu'il se mit machinalement à friser sa moustache... Il s'empressa de nous annoncer que l'état de Kamala était stationnaire. Sans attendre, nous la rejoignîmes dans une immense chambre voûtée où elle était étendue sur un grand lit. Elle était pâlotte et toujours fiévreuse, mais elle sourit à la vue de la doctoresse. Celle-ci, après un « bonjour Kamala », lui prit le pouls, plaça un thermomètre sous le bras de la jeune fille et jeta un coup d'œil autour d'elle. Elle salua sa dame de compagnie, la rani de Bhari, dont l'allure l'intrigua beaucoup. Celle-ci avait le front peint de deux larges traits blancs enserrant une tache rouge, insigne de sa dévotion inconditionnelle à Vishnou, et portait sur ses épaules dénudées un collier composé de sept petites boîtes. Je lui précisai en baissant la voix que la rani était la cousine de la reine mère, et que ces petites boîtes contenaient la terre provenant des sept villes saintes de l'Inde. Pour la tranquilliser, j'ajoutai que la rani, malgré son air insociable, était charmante.

Mlle Davier écoutait attentivement et, ô surprise, n'émit aucune des remarques pointues dont elle était coutumière. Quel progrès! Je la surpris à sourire à la vue de la douzaine d'agrafes de tailles différentes, prélevées sur des livres et magazines. Calmement, elle sortit de sa trousse ses instruments, tout en réconfortant Kamala, tantôt en français, tantôt en anglais. Le plus curieux fut que celle-ci lui répondit également dans les deux langues, mais ce fut en hindi qu'elle s'adressa à moi :

– Est-ce que je peux toucher les cheveux de ma doctoresse?

– Je vais le lui demander...

– In one minute, répondit celle-ci, nous allons d'abord soigner votre front...

Elle défit le pansement puis choisit de toutes petites agrafes que je dus raccourcir un peu avant de les stériliser. Elle avait opéré avec une telle dextérité que nous en fûmes tous impressionnés. Cette fois, au lieu d'un bandage encombrant, elle plaça un sparadrap. Dommage... Ce dernier détonnait sur la peau mate de Kamala et la princesse, comme toutes les Indiennes, était très complexée par la couleur de sa peau...

La reine mère, comme si elle lisait dans mes pensées, m'interrogea :

– Votre charmante compatriote est peut-être fatiguée? Désire-t-elle se reposer dans sa chambre?

Je n'eus pas besoin de traduire. Mlle Davier répondit affirmativement en ajoutant qu'elle reviendrait prendre la température de la malade, et qu'elle lui donnerait un calmant pour la nuit. Puis, surprise d'avoir prononcé cette longue phrase d'une manière compréhensible, elle rejoignit la reine mère. Celle-ci se leva et la conduisit elle-même dans la pièce voisine en me disant sur le seuil de la porte :

– L'anglais de notre jeune lady est très bon.

S'il existe, dans cette langue, un mot qui fait plaisir à toutes les femmes, c'est bien celui de « lady », et notre Française avait parfaitement saisi la nuance...

Comme un ballet bien réglé, à peine étaient-elles parties que Raghoubir entra dans la pièce avec ses deux épouses, le maître de cérémonie et le maire de la ville. Pour ne pas gêner la doctoresse, il ne s'était pas fait accompagner par ses astrologues, ni par ses médecins traditionnels, mais seulement par le porteur de son fauteuil et par son spécialiste de bétel qui s'installa par terre, dans un coin, derrière son inséparable casier à épices. Aussitôt, la pièce fut embaumée par l'arôme des condiments dont ce bonhomme enduisait des feuilles de bétel, délices végétales sans lesquelles il n'y a pas de vie sociale en Inde.

Pour apaiser les maux de tête de Kamala, cet expert lui prépara un soupari : une feuille de bétel qu'il enduisit de miel, puis saupoudra de cannelle, de guimauve et de noix d'arec. Ces ingrédients remplaçaient ici les composants habituellement utilisés pour les adultes : les clous de girofle, la cardamome et la chaux vive...

Ma présence n'étant plus nécessaire, je regagnai ma tente plantée sur la pelouse à côté de celle du maharajah. La reine mère et quelques dames âgées et frileuses séjournaient au premier étage du monastère mis en permanence à leur disposition. Jadis Raghoubir occupait tout le rez-de-chaussée, un vaste hall d'audiences plaqué de marbre dans lequel trône la statue de son ancêtre Vishnou. A présent, jugeant cet endroit trop grand, il ne s'y rend que pour la cérémonie du darshan au cours de laquelle il se laisse admirer par les sages des nombreuses sectes vishnouïtes. Pour dormir, écouter de la musique et faire ses ablutions, il préférait sa prestigieuse tente dont il ne se sépare jamais en voyage. « Tout y est imprégné de mes fluides, aimait-il à dire, qu'il s'agisse de mes coussins, de mes lampadaires, et même de mes crachoirs à bétel... »

Une petite parenthèse est nécessaire pour expliquer

l'importance de ce dernier objet. Il est si étroitement lié à la vie quotidienne des Indiens qu'on ne peut l'ignorer où que l'on aille... Dans la tente de Raghoubir par exemple, en connaissant l'emplacement de ses crachoirs, on peut éviter de se trouver sur la trajectoire de ses jets de salive qu'il crache tout en marchant. Ce faisant, il monologue instinctivement car il aime parler aux objets : « Ah ! cette fois je t'ai bien eu ! » ou encore, « Pourquoi n'es-tu plus à ta place ?... J'ai failli te manquer !... » Comme moi, Raghoubir aime vivre dans une tente. La mienne était plus modeste, mais disposait tout de même de trois compartiments. Cela me donnait le maximum de confort et ne me coupait pas de l'extérieur, sentiment que l'on ressent souvent dans les maisons en dur, d'autant plus que mon occupation favorite était de noter au jour le jour tout ce qui se passait autour de moi. Ce jour-là, j'avais du travail... Il me fallait décrire « les coïncidences » liées à l'accident : la mystérieuse fuite d'eau de la fontaine de Shiva... L'arrivée inopinée de ce camion vide venu on ne sait d'où, percutant précisément la voiture de Kamala... Enfin, la présence à Hari-dwar de la doctoresse française, « tout à fait imprévue », comme elle l'affirma. N'y avait-il pas là la volonté du « Créateur des Événements ? »... Mais au profit de qui ? de Raghoubir ? de sa fille ? de moi-même ? Décidément, depuis que je fréquentais les maharajahs, je devenais de plus en plus superstitieux.

Pauvre Kamala, elle qui se réjouissait tant de pouvoir aller jusqu'au Gange. En pensant à elle, j'essayai de deviner ce que faisait « sa » doctoresse ? Se plaisait-elle dans la salle de réception transformée en chambre à coucher avec un coin pour les ablutions, installé derrière un paravent ? Quelle réaction allait-elle avoir à l'égard des deux servantes préposées à la douche et au shampooing, Shampo signifie, en hindi, massage du corps et non pas lavage des cheveux... Je savais par mon épouse que cette expérience redoutable mais ô combien bénéfique consiste d'abord à se faire enduire, des pieds à la tête, de pâte d'amandes... En séchant, celle-ci « momifie » le corps qui est ensuite « démoulé » à l'aide de raclettes d'argent, avant de passer au massage proprement dit... Ce dernier se termine par une douche et le brossage des cheveux au vinaigre de mangues...

Il est inutile de préciser combien ces traitements presque magique délassent le corps et en rehaussent la beauté. Seule une civilisation très ancienne et très raffinée peut offrir un tel rituel à une invitée de marque. Il y a bien sûr des contreparties : l'expérience de la salle d'eau est embarrassante au début, mais celle des toilettes à l'indienne est encore plus éprouvante... Protestera-t-elle à la vue d'une femme, un soufflet à talc à la main, accroupie auprès du vase d'aisances ? Se souviendra-t-elle que l'assistance de cette gardienne-des-retombées humaines est « incontournable » ?

Mon épouse n'a jamais pu se résoudre à se laisser toiletter par une servante, sous prétexte que « c'était une pauvre intouchable, habituée à ce travail ». Elle ne fit qu'une seule exception en faveur de la préposée du compartiment féminin de notre appartement, au palais de Gwalior transformé en hôtel, dans lequel le sanitaire à l'ancienne mode n'avait pas encore été changé. Bien que parlant anglais, elle craignait pour sa place à cause de ses cinquante ans, et suppliait mon épouse d'accepter ses services :

– Madame sahiba, laver et poudrer des fesses blanches n'est pas du tout dégradant pour les intouchables, mais au contraire revalorisant.

L'effroi des Européennes est certes compréhensible, mais les hommes qui, comme moi, voyagent continuellement à travers l'Inde profonde finissent par s'habituer... De plus, parmi les préposés, j'ai souvent rencontré des phénomènes. Ainsi ce sympathique quinquagénaire attaché au cabinet de toilette jouxtant ma tente. Je l'avais choisi moi-même parmi les nombreux intouchables travaillant à la cour. Nous nous entendions bien, j'avais même du respect pour cet homme ayant procédé à la toilette intime de nombreux grands de ce monde lorsqu'ils vinrent en Inde, entre autres le général Eisenhower, le Shah de Perse, le président Pompidou. Sans rechigner, j'acceptai donc l'eau froide pour le premier bain de siège, puis très chaude pour le suivant, mais je refusais de contempler mes fesses dans le miroir qu'il me présentait, après les avoir saupoudrées de son talc piquant. Un jour, devant son obstination, je cédai. Ce fut un choc! Elles étaient toutes bleues!

– D'où vient cette saloperie de talc?

– Du Kanara, sahib...

Je sursautai! Kanara?

– Mais de quel village?

– Badami...

– Badami, c'est incroyable, dis-je machinalement en canari, la langue de cette lointaine région qu'autrefois je parlais couramment, ayant vécu presque deux ans dans cette région, à la suite d'une mission archéologique exécutée pour le musée Guimet de Paris.

J'avais pris entre mes doigts cette curieuse poudre, semblable à de la soie! C'était bien la substance bleu pâle provenant des feuilles de pastel broyées, qui se vendait au marché des couleurs de Badami. Exportée en Europe, elle a donné naissance, comme chacun sait, à un art particulier qui porte son nom. Il y a mille ans, à la cour des maharajahs Chaloukyas dont Badami était l'une des capitales, les peintres l'employaient dans leurs magnifiques fresques qui recouvrent encore aujourd'hui les murs des temples.

Entendant parler canari, mon bonhomme resta coi, me regardant avec incrédulité. Un Européen qui connaissait sa langue et le pastel! Si, sous le coup de la surprise, les mots ne lui avaient manqué, il aurait certainement dit que le monde était petit... Il me demanda toutefois si je m'étais servi de cette poudre à Badami ? Bien sûr ! Je ne voulais pas lui dire qu'à cette époque de ma vie je n'avais pas de toiletteur, et que si j'avais connu les bienfaits du pastel contre l'inflammation j'en aurais fait profiter mon séant, mis à mal par d'interminables stations assises sur des surfaces rendues brûlantes par le soleil... Je continuai d'échanger avec lui quelques mots en canari au grand dépit de Velou. Il était scandalisé de m'entendre bavarder et rire avec un mehtar, un toiletteur intouchable, dans une langue que lui, un poukka-berer, un valet d'un rang supérieur et de surcroît soldat de l'Armée des Indes, ne comprenait pas...

Mais le charme des souvenirs ne doit pas nous faire oublier l'instant présent ! La doctoresse mangeait ce soir-là avec la reine mère et ses deux dames de compagnie, Latha la religieuse et Kalpana la rigolote. Cette dernière devait se réjouir, car elle avait foi en la médecine européenne et ne se gênerait pas pour lui demander un remède contre l'asthme de son fils. Soudain, une inextinguible envie de rire m'envahit. J'imaginais la tête qu'allait faire notre Française à la fin du repas lorsque la reine mère lui proposerait de mâcher du bétel et, pour l'encourager, ferait étalage de sa virtuosité dans l'art délicat de viser le crachoir... La place de celui-ci n'était jamais très loin des pieds des invités, gare à ceux de la doctoresse qui était chaussée de blanc... Mais il faut rendre justice à la reine mère, la plupart du temps elle visait juste.

Velou, mon serviteur et en même temps mon cuisinier, était en train de préparer l'une de ses spécialités : de l'orange à la crème renversée. Dessert très simple, mais qui exige le port de gants, et beaucoup de doigté, ce qui l'exclut des menus européens. La peau de l'orange ôtée, il sépare les quartiers un à un et, à l'aide d'une petite pince, il les débarrasse de leurs graines transparentes ainsi que de leurs nervures blanches. Il place ensuite ces quartiers d'orange, nets et lisses, sur une assiette qu'il nappe d'une crème renversée, agrémentée de zeste de citron, de poudre de cannelle et de cardamome. Il lui faut une heure pour préparer correctement les trois oranges, « le temps, disait-il, dont a besoin un véritable santara-vallah » ou préparateur d'oranges. Cette profession ancienne et très honorable qui existait dans le Rajasthan était exercée, il n'y a pas encore si longtemps, par des milliers d'hommes et de femmes. La disparition des maharajahs ainsi que l'appauvrissement des classes moyennes les réduisirent au chômage.

– Velou, que dit-on à la cour à propos de la french lady doctor ?

De sa voix confidentielle, inimitable, il murmura :

– On dit, sahib, que vous l'avez fait venir spécialement de France pour guérir la princesse.

Puis, me regardant droit dans les yeux, il me posa LA question :

– La mem-sahiba, est-elle une bonne catholique ?

Dans le doute je fis un signe de tête affirmatif. Il jubilait.

– Je vais donc préparer des crêpes au calva pour demain ! N'est-ce pas ? N'oubliez pas, sahib, de demander au maharajah une petite bouteille ! D'accord ?

– Je te vois venir, mais au monastère l'alcool est défendu, alors pas de calva !

– Sahib, vous avez toujours dit que le calva, c'était du jus dc pomme un peu plus fort !

Il savait très bien que le bottli-vallah personnel du maharajah gardait une petite réserve de bottlis, ou de bouteilles de « calva » comme on l'appelait à la cour depuis que Raghoubir le découvrit en Normandie, il y a de cela bien des années. Lorsqu'il vit des vaches paissant à l'ombre des pommiers, il pensa tout haut : « Le calva doit avoir quelque chose de commun avec le “ Soma ” de nos Écritures Védiques, une liqueur mystérieuse faite au pays de la Vache Kamadhenou, la Mère de l'Inde. » Ce qui le convainquit définitivement de l'origine sacrée du « calva » fut la vue des vaches « empommées », ayant avalé tant de pommes mûres qu'elles en exsudaient l'alcool. « C'est vraiment la boisson que je cherchais », s'exclama-t-il, et il acheta cent et une bouteilles de calva...

Les hindous sont très heureux quand ils décèlent la trace d'une présence divine dans des faits qui nous paraissent, à nous Occidentaux, normaux, voire anodins. Pour Raghoubir, les dieux, quand ils viennent sur terre, ne mangent ni ne boivent, mais subsistent en aspirant les arômes du « Soma »... Remarquant mon air dubitatif, il assure :

– En Normandie, mes ancêtres vivraient grâce au parfum du calva.

Son enthousiasme était si sincère que je ne voulus pas lui ôter ses illusions, et puis comment ne pas s'émerveiller quand, dans un pays de huit cent cinquante millions d'Indiens, six cents millions d'hindous croient dur comme fer que deux éléments dominent l'Univers, le Feu et le Soma, le nectar sublime. Celui-ci est représenté par une divinité aux contours flous, habitant un palais en bronze et gardé par un gigantesque archer qui tire sur les nuages dès que ceux-ci empêchent la lune d'apparaître...

Depuis ce mémorable séjour normand, Raghoubir et la reine mère qui l'accompagnait boivent un verre de calva chaque soir de pleine lune, à la « santé » de l'astre des nuits. Les reines de moindre rang et les dames de compagnie en goûtent au dessert dans les crêpes flambées de Velou, le seul qui sache les préparer correctement.

La perspective de faire des crêpes pour la doctoresse le rendit fébrile :

– Sahib, je peux vous dire un mot ?

– Oui, mais je ne veux pas parler du repas de demain. Rien n'est sûr, la lady-doctor va peut-être partir dans la matinée !

– Sahib, elle ne partira pas. La princesse a toujours de la fièvre, sa femme de chambre vient de me le dire...

Pas question de me coucher, car la pauvre Française aura certainement besoin de mes services. Il fallait que je voie le maharajah.

– Velou, prépare-toi à porter une lettre au secrétaire du maharajah.

Quelques minutes lui suffisent pour apparaître, vêtu de sa veste militaire qu'il ne manquait jamais l'occasion de porter, tenant à la main une tige de bambou peinte en blanc. Que dire de la tradition au charme désuet qui consiste à envoyer un message coincé dans la fente taillée au bout de cette tige. Cet ancien système, utilisé uniquement pour la correspondance urgente, permet à son porteur de franchir tous les postes de garde, sans être interrogé. Velou tenait à ce que je glisse moi-même la lettre car, dès cet instant, il y allait de son honneur de ne pas la laisser toucher par qui que ce soit, avant de la remettre à son destinataire... Le maharajah était auprès de Kamala donc, éloigné d'une centaine de pas seulement, mais pour Velou, cent pas ou cent mille, c'était pareil! « Le service doit toujours être impeccable », alors il me fit un salut militaire et me dit : « Pas de problème, sahib! »...

Lc voilà qui parlait comme Raghoubir. En attendant sa réponse, je pensais à la chance que j'avais eue de le rencontrer; il tient une place importante dans ce récit, car il m'a sauvé la vie...

Chapitre 8

J'ai rencontré Velou, il y a vingt-cinq ans, chez le maharajah Yadavindra de Patiala, à l'époque où il supprima le régiment dans lequel Velou servait comme cuisinier. C'était une référence. Cet Indien catholique à la superbe moustache aux pointes relevées, privilège des anciens militaires, avait une figure respirant la franchise et la bonté. D'emblée il m'a été sympathique.

Bien qu'habitué à la cuisine anglaise, entrer au service d'un Français ne lui déplaisait pas. Non pas à cause de notre gastronomie, il n'en avait jamais entendu parler, mais du fait que son père s'était battu en France au cours de la dernière guerre mondiale. Devant mon étonnement, il me dit avec un sourire entendu :

– C'est de lui que je sais qu'en France, tout le monde, même les enfants, boit du champagne. Moi aussi, sahib, j'aime beaucoup le champagne !

Cet aveu m'avait quelque peu refroidi quand il ajouta qu'il avait pris goût à cette boisson en vidant les fonds de verres au mess du régiment du maharajah de Patiala. Cet ami inconditionnel de la France exigeait de ses officiers qu'ils boivent du champagne et non pas du whisky !

Je me rappellerai toujours la réponse de Velou, lorsque je lui ai demandé ce qu'il voulait par mois comme gages.

– Rien du tout, sahib ! Vous me donnez une fois par an,

comme à l'armée, un costume neuf, trois paires de chaussures et un bedding, drap, couverture et moustiquaire, et cent roupies par mois à envoyer à ma famille. » (La roupie valait à l'époque trois de nos francs, de nos jours elle ne vaut plus que quarante centimes environ.)

Au terme de chacun de mes séjours, Velou retournait dans son village natal, situé sur la côte Malabar, non loin de Trichour, la ville la plus catholique de l'Inde, où, selon la légende, vécut l'apôtre Thomas. Velou ne se séparait d'ailleurs jamais de sa Bible traduite dans la langue locale. En voyage, je remarquais que c'était le tout premier objet qu'il rangeait dans sa valise en tôle kaki, sur laquelle étaient peints en lettres blanches son nom et celui de son régiment. J'avais beau lui répéter que ce dernier n'existait plus depuis des lustres, il me répondait invariablement : « Un soldat, sahib, doit toujours être fier de son régiment. »

La discipline, le courage et la fidélité caractérisent les Indiens chrétiens, les Rajpoutes et les Sikhs. Ils considèrent le bakchich comme quelque chose d'avilissant. Velou n'en acceptait de personne, aussi ai-je toujours veillé à ce que sa paie fût ponctuellement versée à sa famille, même pendant mes absences, ce dont il ne se plaignit jamais. Il aurait pu le faire en m'écrivant en anglais, car il savait un peu lire et écrire dans cette langue, mais il me disait souvent : « Sahib, un simple soldat n'écrit pas à ses supérieurs. »

Discret, il ne posait jamais de questions sur ma famille, bien qu'il ait déjà fait la connaissance de mon épouse et de mon fils Jean-Noël dont la taille le fascinait. Chaque fois qu'il le voyait, il le comparait au maharajah Yadavindra de Patiala. Il était content quand je m'inquiétais de la santé de ses enfants et de son curé. En ce qui concernait son épouse, s'il ne prenait pas l'initiative de m'en parler, c'est qu'elle allait bien...

Son comportement à mon égard fut empreint au début d'une certaine retenue. Il baissait respectueusement la voix quand il m'expliquait comment acheter la nourriture non polluée, comment éviter les colporteurs et les mendiants...

Ces petits conseils étaient inévitablement accompagnés d'exemples appris au cours de sa carrière de cuisinier militaire. Mais tout changea après la venue, sur la côte Malabar, du pape Jean-Paul II. Velou put le voir et l'admirer de très près, comme les millions de catholiques de l'Inde qui s'y étaient rendus. Apprenant que le saint homme était né en Pologne, pays où tout le monde est catholique, et boit une sorte d'eau bénite qui s'appelle vodka, il lui revint en mémoire que j'étais originaire non seulement de France mais aussi de ce pays. C'est alors qu'il comprit sa chance d'être au service d'un sahib élevé au champagne et à l'eau bénite...

Séjournant en France à l'époque de la visite papale en Inde, je ne savais rien de l'état d'esprit de Velou, et lorsque je le retrouvai à l'aéroport de Bombay, plié en deux devant moi, je crus qu'il était malade. Il me fallut une semaine pour le convaincre de se déplier en affirmant que je n'avais aucun lien de parenté avec le pape. Il ne me crut qu'à moitié et, à compter de ce jour, il perdit sa nonchalance que j'aimais tant et prépara mes repas, non plus en citant les extraits du Code militaire, mais en murmurant des versets de la Bible...

Comme tous les Indiens chrétiens, Velou respectait les maharajahs en tant qu'anciens rois, mais ce qu'il admirait le plus, c'étaient les vrais étrangers, les poukah sahib, terme que l'on donne aux visiteurs occidentaux clairs de peau et bien habillés... Il les plaçait sur un piédestal à condition qu'ils ne fréquentent pas trop les hindous des basses castes...

Je me rendis compte de cette tournure d'esprit dès qu'il fut à mon service, au début des années soixante. J'avais reçu à cette époque, de la main du maharajah Raghoubir, le titre honorifique de rajah, une très ancienne distinction hindoue correspondant, à peu près, au titre européen de comte. Il me remerciait ainsi d'avoir écrit l'histoire des maharajahs sans les vilipender, comme il était de mode chez les nombreux historiens européens, enivrés de marxisme. Pour « l'adoubement » qui n'avait rien de comparable avec nos cérémonies médiévales, il invita son ami le maharajah Yadavindra de

Patiala. Sa présence en tant que dernier Président de la Chambre des Rois, l'équivalent indien de notre Sénat, donna un peu d'éclat à cette petite fête. Raghoubir me fit don d'une épée, d'un atchkan, sorte de redingote brodée de fils d'or, et d'un turban correspondant à ma nouvelle dignité.

La réception terminée, je confiai ces trois précieux objets à Velou qui attendait près de la porte de la salle d'audience. Le fait de côtoyer ces dieux vivants que sont le maharajah Raghoubir et le maharajah de Patiala ne l'impressionnait pas outre mesure, mais voir son sahib, un catholique, s'agenouiller pieds nus pour recevoir un titre païen le déconcertait totalement.

Revenus dans nos quartiers, il se mit à ranger dans ma valise mes insignes, comme s'il s'agissait d'objets quelconques. En palpant le tissu du turban et celui de l'atchkan, il admit à contrecœur leur bonne qualité, mais il ne comprenait pas pourquoi je n'avais pas reçu de chaussures.

– Sahib, c'est quoi un rajah honorifique? demanda-t-il.

– Un assistant sans solde du maharajah, répondis-je.

– Vous allez donc servir, sans solde et sans chaussures, un païen? Tout maharajah qu'il est, Raghoubir est un païen.

C'était un peu vrai, mais devenir le rajah de son clan était une expérience très exaltante. En l'absence de Velou, je me pavanais devant la glace dans mon nouvel habit, que j'avais complété, en achetant des souliers à la poulaine et des jodhpurs blancs. Je riais certes de moi-même en prenant des poses conquérantes, mais les costumes des nobles hindous sont si beaux, si bien coupés et leurs tissus d'une si extraordinaire finesse qu'il faudrait être masochiste pour s'en priver. Je portais toujours le mien au cours des cérémonies familiales, car Raghoubir n'aimait pas que ses résidents non indiens se présentent habillés à l'européenne.

Velou – interrompant le cortège de mes souvenirs – revint enfin avec la missive d'Amresh me priant de rejoindre le maharajah... Je le fis sans tarder. Arrivé dans sa tente, je réalisai que la situation était sérieuse. Raghoubir, assis sur son trône de traversins, avait rassemblé autour de lui sa mère, ses deux épouses, Swami l'astrologue, Amresh son cousin et, fait nouveau, un vieillard à moustaches blanches en ailes de papillon, le Raj-Barot ou gardien-du-Livre-de-la-Dynastie. Il tenait dans ses mains, comme s'il s'agissait d'un bébé, un volumineux tube en or, contenant le rouleau généalogique de la famille de Raghoubir.

En les réunissant à cette heure tardive, craignait-il pour la vie de Kamala? Que de mystères! Le maître de cérémonie m'enjoignit de m'asseoir derrière la reine mère, sur mon coussin habituel qu'un valet m'apporta. Je constatai qu'excepté deux ou trois serviteurs, aucun secrétaire, aide de camp ou préposé au bétel n'avait été convoqué. Enfin, Raghoubir prit la parole : « Mon héritière, la princesse Kamala, est très malade. Elle a une grosse fièvre et ne me reconnaît plus... Tout à l'heure, selon notre rite sacré d'Ovaram, j'ai respiré sa tête et j'ai senti des émanations hostiles... Si son état ne s'améliore pas demain, nous irons la purifier dans le Gange... »

Un long silence suivit cette communication... Une fois de plus, je mesurais l'abîme qui séparait nos deux mondes. Que pouvait-on faire pour sauver cette jeunc fille d'une pneumonie qu'elle contracterait sûrement au cours de ce bain exorcisant?

Mes pensées furent interrompues par l'intervention de la reine mère :

– Il faudrait attendre encore un peu et laisser Kamala se faire soigner par la docteresse française que je trouve pour ma part compétente. N'oubliez pas que l'accident s'est produit aujourd'hui, jour de la pleine lune, et que c'est sous l'influence de cet astre qu'elle est entrée dans un état second. J'ai voulu que notre ami Vitold soit présent à cette réunion parce qu'il a déjà assisté dans le passé à une pareille crise *. Il pourra ainsi faciliter la tâche de miss Davier, à condition bien sûr qu'elle veuille rester encore une journée

* *L'Inde impudique des maharajahs*, chez le même éditeur.

ou deux auprès de Kamala. Si elle accepte, je m'engage à lui offrir personnellement un bijou. La récompense d'une grand-mère a souvent plus de valeur qu'une rétribution en argent...

La reine mère, eu égard à son rang, s'adressait directement à Raghoubir. Les autres personnes, à commencer par Swami, le chef astrologue, donnaient leur opinion par l'intermédiaire du maître de cérémonie. Tous se révélèrent favorables à la proposition de la reine mère. Je me réjouissais intérieurement. Kamala obtenait quelques jours de sursis avant d'être plongée dans le Gange...

La doctoresse était auprès d'elle, en train de lui appliquer de nouvelles compresses que lui passait en silence la rani de Bhari. Kamala était agitée. Son état, visiblement, s'aggravait. La doctoresse s'adressa à moi en français :

– Dites à madame la grand-mère que Kamala réagit mal à la nourriture épicée qu'on lui a servie ce soir.

– J'ai compris, fit la reine mère en anglais, dorénavant on lui préparera les plats que vous prescrirez.

Je relatai à la doctoresse la décision du conseil de famille.

– Je m'attendais à cela, répondit-elle, au demeurant je ne peux laisser Kamala dans cet état. Je veux bien rester encore quelques jours auprès d'elle... Mais je ne veux pas d'honoraires; s'ils veulent m'offrir une babiole cela me fera plaisir.

Je traduisis scrupuleusement ses paroles à la reine mère, puis leur souhaitai bonne nuit en goudjérati et en français, et je regagnai ma tente...

Chapitre 9

Le lendemain, la doctoresse m'annonça que Kamala manquait d'appétit : « Est-il vrai qu'elle est sujette à des crises de somnambulisme ? »

Je confirmai et lui racontai comment les brahmanes l'avaient soignée en interposant un écran de topazes entre elle et les rayons de la pleine lune...

– Des topazes ? Vous voulez dire des pierres précieuses ?

– Aussi curieux que cela puisse paraître, oui. La couleur jaune semblait la calmer, répondis-je, mais ne voulant plus m'attarder sur cette mystérieuse maladie je changeai de sujet.

– Dites-moi, la cuisine végétarienne vous plaît-elle ?

– Beaucoup, et je ne demande pas mieux que de la connaître davantage. Le bétel fait-il partie du menu végétarien ? Kamala m'en a fait goûter hier un petit morceau et je l'ai trouvé nettement trop épicé, a fortiori pour une jeune fille anémique.

– Ce que vous avez avalé avec la feuille de bétel était de la poudre de pierre précieuse, soit une petite émeraude concassée, soit une topaze. Elle guérit, croit-on, les troubles de croissance. Amresh, le maître de cérémonie qui est à la fois son oncle et son parrain, s'est déjà opposé à ce traitement, mais il a contre lui les astrologues et le prêtre ayourvéda, le médecin traditionnel... Vous pourriez peut-être intervenir, Kamala a assez souffert et elle a droit à ce que quelqu'un, enfin, la soigne sérieusement.

Je lui rapportai l'invitation à déjeuner à la manière indienne de la reine mère. Devant son air affolé, je lui expliquai qu'en Inde on sert tous les mets en une seule fois sur le thali, le plateau rond placé devant l'invité, avec au centre une portion de riz. La maîtresse de maison y place les mets en cercle, toujours en commençant par la gauche, dans le sens opposé à celui des aiguilles d'une montre. Pourquoi? Parce que cette méthode, croit-on, arrête le temps. Ainsi la personne chargée de disposer la nourriture peut le faire sans être dérangée par quelque insecte que ce soit.

Elle commence sur douze heures avec un peu de sel et une tranche de citron, ensuite sur dix heures elle pose divers chatneys : confits de fruits ou de légumes épicés, petits cubes de végétaux cuits ou frais agrémentés de fines herbes, leur diversité donnant à la présentation un éclat et une coloration fort appétissants. Entre huit et six heures elle dispose les desserts : des salades de fruits et le dahi, yaourt aromatisé très populaire en Inde. Sur cinq heures, on présente le mets du jour composé invariablement de légumes frits, de courgettes par exemple, accompagnés le plus souvent de dal, qui sont des petites lentilles brunes indiennes...

– A la cour, tout le monde raffole du dal, ajoutai-je, sauf moi. C'est le mauvais souvenir de mon tout premier séjour en Inde, quand, jeune archéologue désargenté, je fus obligé d'en manger tous les jours pendant un an.

– Puisque mon cours d'initiation a déjà commencé, m'interrompit la doctoresse, je vais tout de suite vous rassurer : j'aime beaucoup les lentilles. Devrai-je prendre ces mets dans le même ordre, en partant de la gauche?

– Vous pouvez commencer par où vous voulez, par le dessert par exemple et terminer par les hors-d'œuvre. C'est d'après la composition du côté gauche du thali que l'on juge le repas dans une maison hindoue et non pas sur le plat principal. Aussi est-il d'usage de complimenter la maîtresse de maison non pas sur la qualité de son repas, mais sur la variété et la présentation des hors-d'œuvre. Au cours de votre séjour à la cour, fis-je pour terminer, vous serez certainement invitée par les épouses des médecins locaux au service du maharajah Raghoubir. Vous leur ferez un très grand plaisir en leur disant, à la fin du repas : « Vos hors-d'œuvre étaient d'une exquise variété. »

– On ne souligne pas la qualité des mets?

– Jamais. Ils doivent toujours être très bons... Pour la petite histoire, savez-vous qu'il y a deux mille trois cents ans Alexandre le Grand les appréciait déjà lorsqu'il fut reçu au bord de l'Indus à la table d'un roi indien, et... qu'à l'exception de mon épouse et de ma fille, vous êtes la première femme occidentale que je connaisse qui désire sincèrement se familiariser avec la nourriture strictement végétarienne. Les autres, notamment feu la quatrième épouse du maharajah, Jenny l'Américaine, ne l'aimaient pas du tout...

– Kalpana m'a justement parlé d'elle hier... Mais pourquoi dites-vous : la nourriture strictement végétarienne?

– Parce qu'il existe plusieurs cuisines végétariennes dans ce pays, mais la seule qui mérite véritablement ce qualificatif est l'apanage des fidèles particulièrement fervents. Ils ne toucheront jamais la chair animale, pas plus que les œufs qui renferment déjà la vie. Les Écritures hindoues sont à ce sujet très claires : « Si vous mangez des animaux sur cette terre, ils vous mangeront dans l'au-delà ! » A table chez la reine mère, vous ne verrez jamais de pommes de terre, de carottes, ni de betteraves... Ces légumes sont en terre et, en les arrachant, le risque de tuer des êtres vivants est trop grand. Vous allez aussi devoir vous passer de tomates, car on croit qu'elles rougissent à cause du sang des animaux étouffés sous terre par leurs racines...

– Mais outre la famille du maharajah, que mangent les dizaines et dizaines de gens qui vivent dans cet immense palais-monastère?

– Des tchapatis, des galettes de farine de blé non levée que l'on mange avec des sauces épicées, des curries. Une vingtaine de prêtres-cuisiniers, ayant pour tout vêtement un pagne et un turban blanc, les confectionnent en sous-sol, dans d'immenses salles éclairées seulement par des lucarnes qui maintiennent ces lieux dans la pénombre et la fraîcheur. Cet endroit est strictement interdit aux femmes.

– La reine mère n'a-t-elle pas de passe-droit?

– Même pas, pourtant, elle est le principal mécène du monastère, où elle vient chaque année, depuis sa prime jeunesse... Il y a quelques jours, elle m'a demandé d'y descendre pour photographier un des cuisiniers qui était jadis à la fois son prêtre personnel et son professeur de yoga.

J'étalai devant elle plusieurs épreuves, dont celle d'un vénérable barbu en train de placer des galettes de gruau sur la voûte métallique d'un four...

– Le voilà. La reine mère m'a appris qu'il avait fait vœu de silence. Il a décidé de quitter « la surface » et d'aller se rendre utile à ses bienfaiteurs sous terre, tant il était déçu par les orientations marxistes du gouvernement, qui appauvrissaient l'Inde. Il vit là depuis maintenant vingt ans. La barbe blanche touchant sa poitrine trahit son âge avancé, mais son corps mince et musclé est resté celui d'un jeune athlète.

– Les tchapatis que Kamala et moi-même mangeons viennent donc de là-bas? Elles sont délicieuses. Il doit y avoir toute une installation moderne?

– Aucune, vous le voyez bien. Il n'y a pas de table, pas de chaise. Tout se fait sur ce sol de pierres polies dans lesquelles sont creusées des cavités pour les nombreux foyers, recouverts, soit de plaques en tôle pour rôtir les galettes, soit d'énormes jarres de cuivre pour faire les sauces. Tout est simple, propre, silencieux, et pourtant, en regardant les langues de feu sortir des foyers, on a l'impression de se trouver dans les entrailles de la terre, où naissent les volcans...

Quand miss Davier obtint la permission de dormir dans la chambre de Kamala, elle constata que les pales des ventilateurs du plafond grinçaient la nuit d'une manière inquiétante, comme si elles allaient tomber. Prévenue, la reine mère les fit démonter et remplacer par le traditionnel panneau en osier tressé que trois servantes, installées dans le couloir, actionnaient à l'aide d'une corde, en se relayant dans un va-et-vient silencieux... Le sommeil de Kamala devenait plus régulier, mais de temps à autre elle se réveillait en sursaut « comme en proie à de violents cauchemars », constatait la doctoresse. « Il faudrait peut-être changer sa moustiquaire pour une autre, plus reposante, lui suggérai-je. Car dans la chambre de Kamala, à la lumière de la lampe que l'on n'éteignait jamais, les fleurs brodées sur le tulle se changeaient en ombres menaçantes... Par chance, Kamala avait échappé aux moustiquaires brodées d'abeilles, de papillons et parfois carrément de mouches, plus vraies que nature, que l'on trouve dans les grands magasins...

Nous sommes restés plusieurs jours au monastère pour ne pas interrompre les soins de Kamala. La doctoresse faisait preuve de compétence et de bon sens, et le résultat était tout à fait remarquable. La blessure au front se résorbait et l'appétit revenait. Pendant cette période, l'anglais de la doctoresse s'améliora tellement qu'elle put se passer de mes services, au grand désespoir de Velou qui n'avait plus l'occasion de lui faire ses crêpes au calva. Raghoubir me donnait des nouvelles de sa fille. Il était enchanté : « Kamala, non seulement mange bien, mais encore ne fait plus de cauchemars »... Sa guérison le rendait moins irritable, il se prêtait davantage au « darshan » des pèlerins... Les nouvelles se propageaient tellement vite que la grande cour devant le monastère était déjà assiégée par les fidèles qui voulaient, tout en admirant son visage radieux, capter un peu du rayonnement de son bonheur retrouvé.

Le vieux sage Vinoba, lui aussi rassuré par la bonne santé de Kamala, sollicita de Raghoubir un geste généreux pour ses « Paysans-sans-Terre », œuvre charitable à laquelle il se consacre depuis des années...

– Cent hectares au bord du Gange, ceux-là mêmes où paissaient nos vaches du Grand Sauvetage, vous conviendraient-ils, Atcharya ? demanda Raghoubir.

Étant un peu dur d'oreille, Vinoba comprit qu'il s'agissait de cinq hectares : « Cinq hectares, c'est bien, c'est très bien », remercia-t-il. C'est alors que les gens qui l'entouraient rectifièrent en chœur : « Cent hectares, Vinoba-dji ! C'est cent hectares ! » L'enthousiasme des pèlerins, quand ils apprirent ce don, était à son comble : « Raghoubir, Rama, Rama, Raghoubir Rama, Rama », murmuraient-ils... Rien, dans l'« Inde hindoue », n'est plus sacré que le nom de Rama, celui de la septième « descente » de Vishnou sur cette terre. Une si profonde émotion émanait de ces murmures que les femmes et les enfants de la famille de Raghoubir, à l'intérieur du monastère, se montrèrent aux fenêtres, inquiets. Les stores de l'appartement de Kamala se relevèrent légèrement, laissant apparaître son visage et celui non moins étonné de sa doctoresse française.

Bagiratha, le gentil ascète « Sauveur du Gange », faisait tous les deux jours une visite à Kamala. Chaque fois, il apportait dans les paumes ouvertes de ses mains jointes un petit cadeau qu'il déposait sur le sol à ses pieds : un caillou multicolore poli par le temps ou une minuscule gerbe de plantes odoriférantes. A la doctoresse, il offrait une pièce de monnaie ancienne en évoquant dans son anglais châtié son origine. « Certaines, affirmait-il, sont frappées du temps d'un célèbre roi indien, Açoka. »

– Dois-je lui donner de l'argent ? demanda-t-elle.

– Surtout pas, il désire uniquement rester quelques instants avec la princesse et vous. C'est par ses modestes dons qu'il exprime son respect et son admiration pour une Européenne qui s'intéresse à son pays. Il ne fait qu'observer scrupuleusement une très ancienne coutume indienne consistant à ne jamais entrer les mains vides dans un temple, ou chez des gens importants.

A la fin de notre séjour, il me présenta une image pieuse de la Vache Kamadhenou, peinte sur un carré de coton.

– Regardez qui est assise près de la vessie de l'animal ? La déesse du Gange. Et savez-vous pourquoi elle se trouve peinte à cet endroit ? Parce que l'urine de la Vache Kamadhenou est plus importante que l'eau du Gange...

Je savais qu'il en buvait chaque matin un verre, et qu'il voulait me convaincre d'en faire autant. Pour lui faire plaisir, je lui demandai :

– Dites-moi, qui a créé la Vache Kamadhenou?

– Le dieu Brahma, voyons, le fondateur de l'Univers!

– Et qui a créé ce dieu?

– La Vache Kamadhenou, répondit-il... tout à coup songeur...

Les hindous croient que le Gange a autant de sources qu'il y a de cheveux sur la tête de Shiva, son créateur. Bagiratha avait vécu très longtemps dans l'Himalaya, auprès des plus importantes de ses sources, mais il ne connaissait pas Dew-prayag, ce lieu où son homonyme Bagiratha, le roi de l'Himalaya, resta mille ans debout sur une jambe. Sachant qu'il n'accepterait aucun cadeau matériel, je lui proposai de le conduire dans cet endroit situé à une heure de voiture du monastère. Il accepta. Notre chauffeur emprunta le chemin de pèlerinage qui serpentait à travers d'imposants versants montagneux couverts de forêts de mélèzes et qui nous mena au confluent des deux rivières aux flots impétueux. C'est là que se trouve Dew-prayag, un petit bourg d'une centaine de maisons, aux toits en tuiles plates lestées de grosses pierres. Un modeste escalier conduit vers les eaux saintes.

– Regardez attentivement le tourbillon que créent les deux rivières en mêlant leurs flots. On affirme que chaque goutte d'eau s'y multiplie soixante mille fois! Chaque goutte représente un des ancêtres du roi Bagiratha que vous admirez tant. C'est ici que la belle déesse Gange vint consacrer le nouveau fleuve en lui donnant son nom...

Bagiratha regarda, incrédule, le petit bourg, aux maisons modestes qui entouraient les deux temples insignifiants, et ses épaules s'affaissèrent. Il me fit de la tête un signe de dénégation, et murmura :

– Il est impossible que notre Gange soit né ici! C'est trop pauvre!

Dew-prayag, site d'une beauté sauvage qui impressionne les rares visiteurs occidentaux, n'évoque, pour autant, rien de surnaturel. Or, pour Bagiratha – comme pour des centaines de millions d'hindous – le Gange dont les eaux lavent toutes les souillures et toutes les fautes du monde ne peut naître que d'une montagne gigantesque au sommet de laquelle se trouve le palais de son idole, Bagiratha... Il semblait regretter d'être venu avec moi et, sur le chemin du retour, resta silencieux, les yeux fermés.

Arrivé devant le monastère, il me fit un petit signe de la tête et s'éloigna...

Chapitre 10

Les maharajahs de Patiala célébraient en cette année 1973 les cinq siècles de la fondation de la religion sikh et les soixante ans de Yadavindra, son « shashti-pourti », le moment le plus important de l'existence. Les humains terminent à cet âge la moitié de leur vie terrestre longue, selon les Écritures hindoues et sikhs, de cent vingt ans. Les festivités ne se déroulaient plus sur la place de la ville, devenue celle de la République, mais au pied du vieux fort, dans le bar, sorte de savane typique de cette province du Pendjab. Le bar était hanté ce jour-là par un vent frisquet qui balayait fort heureusement les fumées des nombreux feux de camp.

Pour la circonstance, Raghoubir, ses aides de camp et moi-même étions arrivés en chemin de fer à Patiala où régnait déjà une effervescence indescriptible, rapidement calmée par un service d'ordre aussi impressionnant qu'efficace. Nous étions logés dans le Raja-Khoti, ou l'hôtel des Princes que Yadavindra avait récemment fait bâtir pour les invités. Les maharajahs et rajahs voisins de Patiala étaient dirigés dans des bungalows réservés, pour la semaine que durerait la réunion, aux autres hôtes de marque et à leur famille. La reine mère et les épouses de Raghoubir étaient restées au bord du Gange dans le monastère familial auprès de Kamala convalescente. De toute façon, les séjours à Patiala leur étaient devenus pénibles depuis que Yadavindra avait dû se séparer de son grand palais, le Moti-Bâgh ou « La Perle des Palais », auquel trop de souvenirs les attachaient. Je le regrettais moi aussi, ayant eu la chance d'y séjourner plusieurs fois. D'ailleurs, nos premiers regards s'étaient portés irrésistiblement vers le Moti-Bâgh. Les nuits fraîches du Pendjab ayant purifié l'air de la poussière, il brillait à l'horizon tel le chapelet de petits cubes dorés d'un jouet pour enfant. La façade de ce palais aux proportions élégantes était aussi longue que celle du Louvre auquel il ressemblait. Seule la couleur de la pierre différait : à Patiala, elle est d'un jaune ocre lumineux.

Habituellement, on juge les résidences royales au nombre des chambres; celles de Moti-Bâgh étaient innombrables. Cependant, leur agencement ne formait en tout qu'une cinquantaine d'appartements. Toute une partie était occupée par les nombreuses épouses et les enfants, car les Patiala, ces guerriers dans l'âme, aimaient dès leur retour être entourés de leurs familles pour leur raconter leurs exploits en mangeant et buvant... Ce en quoi la manière de vivre des rois sikhs différait totalement de celle des autres rois hindous.

Moti-Bâgh paraissait sans vie, aucune famille princière n'y habitait plus depuis presque dix années. Il avait été transformé en Institut des Sports, domaine pour lequel, hormis les Sikhs, les autres habitants de l'Inde n'ont pas beaucoup de goût... Mais dans les années soixante, quand je venais régulièrement à Patiala, le palais ne désemplissait pas. Des présidents, rois et ministres se succédaient à une cadence militaire... Une cinquantaine de maîtres queux, dans une douzaine de cuisines soigneusement séparées les unes des autres, ne cessaient de préparer des plats correspondant à leurs habitudes alimentaires, à cette exception près qu'on ne servait pas de viande de vache. La vache est tabou, même dans la religion sikh qui autorise malgré tout la consommation de nourriture carnée, génératrice de la force indispensable aux soldats... Contrairement à ce que je croyais, la cuisine française n'était pas, à cette époque, appréciée à Patiala. Pour les repas de mariage et autres cérémonies familiales, on préférait les spécialités viennoises et italiennes, parce qu'elles s'accordaient avec les valses et tangos, mélodies favorites de Yadavindra, des maharanis, ranis et autres princesses résidant à Moti-Bâgh.

Le sikhisme présente des similitudes avec l'hindouisme, sa religion mère, mais comprend moins d'interdictions, et surtout a fait de la femme l'égale de son mari, un concept surprenant pour la mentalité orientale. Ainsi la femme peut-elle prendre ses repas avec ses enfants à la table de son époux. Dans le cas où celui-ci a plusieurs épouses, elles peuvent le seconder quand il reçoit des invités masculins n'appartenant pas à la famille... Elles peuvent même danser avec eux.

Le fait que Yadavindra soit entouré de tant de femmes intriguait beaucoup les visiteurs occidentaux. Il ne s'agissait pourtant que de « belles-mères imposées par héritage », une vénérable coutume sikh. Au décès de son père en 1938, Yadavindra, âgé de vingt-cinq ans, avait déjà une épouse et quatre enfants. Mais en héritant du titre de « Roi des Rois », puis du palais Moti-Bâgh avec ses trésors, il se devait d'accepter les huit veuves et plusieurs favorites officielles de son père, qu'il était de surcroît tenu de voir quotidiennement, matin et soir, accompagné de son chambellan et de son trésorier, pour s'informer de leur santé et de leurs besoins. Elles rivalisaient donc de séduction pour accéder au rang enviable de favorite du fils, ou seulement d'amie intime. Malheureusement pour elles le jeune maharajah, timide de caractère, était follement amoureux de son épouse. Dans les premières années de son règne, il s'entourait pour ses visites matinales d'une suite importante qui faisait écran à toutes ces tentations. Quand je fis sa connaissance, au début des années cinquante, je lui demandai la permission de filmer les intérieurs du Moti-Bâgh. Il me proposa tout simplement de l'accompagner dans sa tournée quotidienne auprès des dames résidentes, comme il disait.

J'ai rapidement compris pourquoi. La venue d'un Européen, même annoncée d'avance, suscite une telle gêne dans la partie familiale d'une maison indienne qu'elle annihile les éventuelles revendications de ses habitantes... Yadavindra avait tablé là-dessus, comme il me l'avoua quelques années plus tard :

– J'étais à l'époque dans une situation difficile, certaines de mes belles-mères étaient devenues franchement provocantes quand elles avaient appris que le Gouvernement de la nouvelle République avait refusé de me rembourser l'argent qu'il m'avait « emprunté ». Il s'agissait en l'occurrence de sommes énormes...

Elles savaient que Yadavindra allait promptement établir une nouvelle cour qui serait fatalement réduite. Elles s'inquiétaient pour leurs enfants, pour la dot de leurs filles, surtout pour les demi-sœurs de Yadavindra, dont deux d'entre elles, nées quelques mois avant le décès de leur père Bhoupindra, donc ses 86ᵉ et 87ᵉ enfants, étaient de vraies beautés. Ces femmes en herbe, un peu dépassées par les événements malgré les recommandations maternelles, me lançaient des œillades assassines, à la jubilation des chambellans qui nous suivaient. Contrairement aux autres cours hindoues, chez les Sikhs, l'ambiance était toujours décontractée...

Ne pouvant plus entretenir sa gigantesque famille, Yadavindra leur suggéra de quitter le palais avant que le Gouvernement ne les ruine par les impôts. A quelques exceptions près, ce fut le tollé général. Comme toutes les femmes du Pendjab, belles, libres et exubérantes, descendantes des conquérants venus du nord : Scythes, Grecs, et pourquoi pas Vikings, elles préféraient rester dans leur pays et « défendre par les armes, si nécessaire, leur civilisation ». Pour commencer elles fondèrent « l'Association pour la défense de la culture sikh en Inde ». « Advienne que pourra, disaient-elles, quand l'argent manquera on vendra nos biens. » Le grand palais bouillonnait comme « une ruche en révolte », selon la formule préférée des journalistes indiens.

Mais Yadavindra n'était pas homme à se laisser faire. Il donna l'exemple en quittant Moti-Bâgh avec sa famille et la nouvelle cour, réduite à quelques personnes.

Quoi qu'il en fût, Yadavindra ne pouvait plus entretenir un pareil monument. Rien que le dépoussiérage de tous les tapis, totalisant une surface de six hectares, nécessitait cent serviteurs... La moitié de ces tapis eût suffi à couvrir la place de la Concorde tout entière!

Pour que Moti-Bâgh ne soit pas transformé en une quelconque usine ou en un dépôt, sort réservé à bon nombre de résidences royales en Inde, il le céda au Gouvernement pour un prix symbolique, à condition que l'édifice devienne un Institut des Sports. Pour gagner la sympathie des Sikhs, Delhi accepta son offre et le chargea d'organiser les premiers jeux Olympiques asiatiques. Leur succès et la popularité grandissante de Yadavindra effraya le Gouvernement qui décida alors de l'éloigner de l'Inde en lui proposant les ambassades de Rome et des Pays-Bas.

Depuis que l'Inde avait conclu des alliances militaires avec l'Union soviétique, Yadavindra, qui s'y était farouchement opposé, était tombé en disgrâce. Les Sikhs et les Rajpoutes, les plus célèbres soldats du monde, dérangeaient les nouveaux amis qui se préparaient à envahir l'Afghanistan. Aucun ministre, aucun préfet ne vint à l'anniversaire de Yadavindra.

– Tant mieux, s'écriait Raghoubir, restons en famille.

Il occupait avec ses aides de camp pratiquement tout le rez-de-chaussée du Raja-Kothi. J'avais quant à moi un petit appartement au premier étage, composé d'une chambre à coucher et d'un salon. Tous les murs, en chaux polie, étaient décorés de fresques représentant des fleurs exubérantes dont chaque pétale était constitué de petits miroirs. Le soir de notre arrivée, alors que j'ouvrais les fenêtres, la lune s'y refléta en mille images scintillantes, comme dans une féerie. Velou était très content de pouvoir suspendre mes costumes dans des armoires « européennes » car, disait-il, les tringles aux murs déforment les vestons et ne sont bonnes que pour les vêtements indiens. Je les avais avec moi, mais ne les portais que pour le petit déjeuner que je prenais dans ma chambre. Pour les autres repas servis dans la salle du rez-de-chaussée, je revêtais un pantalon européen, une chemise à manches longues et une cravate. Le soir, je complétais ma tenue par une veste sombre.

Au début de mes séjours en Inde, jeune archéologue, je croyais qu'en m'habillant à la mode du pays j'attirerais la sympathie des Indiens et pourrais m'intégrer plus rapidement. Je m'aperçus très vite de mon erreur. Non seulement il faut garder ses vêtements européens, mais encore les soigner constamment. De nos jours, le plus modeste des Indiens écoute la radio et regarde la télévision. Il sait pertinemment que notre niveau de vie est supérieur au sien et, naturellement, en déduit qu'en nous déguisant nous voulons cacher notre aisance pour profiter de lui, l'exploiter même, en demandant l'aumône, comme le font les « hippies » et les adeptes occidentaux des nombreuses sectes folkloriques qui parcourent leur vaste pays.

Le lendemain matin, mon petit déjeuner préparé par Velou fut interrompu par l'arrivée impromptue de Yadavindra et de trois musiciennes. Je les vis s'installer d'autorité, dans le fond du salon et, aussitôt, l'une d'entre elles commença à accorder sa voix à l'ambiance de la pièce.

– La reconnaissez-vous? demanda Yadavindra malicieusement.

Je regardai plus attentivement la chanteuse. Elle n'était pas mal, en sa trentaine aussi épanouie que son buste, qu'une brassière avait du mal à contenir.

– Vous savez, Yadavindra, je n'ai aucune raison d'être troublé, car, je vous l'ai souvent dit, mes rapports avec les chanteuses et danseuses de votre pays ont toujours été purement platoniques. Est-ce que je l'ai connue?

– Demandez-le-lui en français.

Ce que je fis.

– Oui, Vitold, répondit-elle, et elle se tut aussitôt, gênée par son audace, puis elle s'empara de son sac et en sortit une pochette de soie, qu'elle déposa à mes pieds.

Assis en tailleur, je n'avais qu'à tendre la main pour la prendre, mais j'hésitais. Comment se faisait-il qu'elle parlât le français et connût mon prénom? Qu'y avait-il dans cette enveloppe d'étoffe? Je me décidai tout de même à l'ouvrir. Elle contenait une petite bouteille bleue, vide, gravée de la tour Eiffel et d'une inscription en lettres dorées : « Soir de Paris ». Le déclic se fit dans ma tête. Elle était alors plus mince, bien sûr, mais ses formes avaient gardé quelque chose de troublant. Ses yeux, aux très longs cils, qui maintenant me regardaient avec beaucoup de bienveillance, étaient autrefois apeurés, car elle se croyait menacée de viol ou, pire encore, d'un baiser... Mais oui, je me souvenais que la pauvre, pour gagner du temps, me sachant Français, m'avait posé des questions pressantes sur une crème miracle parisienne, qui blanchissait la peau... Elle souffrait d'avoir la sienne un peu sombre... Je constatai qu'elle n'avait pas vraiment éclairci...

Comme si elle lisait dans mes pensées, elle couvrit ses bras du pan de son sari, puis, en baissant légèrement la tête devant Yadavindra pour s'excuser de prendre à nouveau la parole, elle se mit à formuler lentement des phrases en français :

– Je suis heureuse de vous voir, monsieur Vitold, en bonne santé et chez notre maharajah...

Celui-ci, comme à son habitude, éclata d'un rire moqueur : « Une bonne surprise, n'est-ce pas? Elle donne maintenant des cours de chant à mes filles, mais elle viendra vous distraire, avec ses musiciennes, chaque matin jusqu'à votre départ. » Là-dessus, il se leva, suivi à quelques pas par ses aides de camp, et me chuchota à l'oreille : « Elle s'appelle toujours Lakshmi... », puis quitta la pièce après m'avoir fait un clin d'œil. Je savais qu'elle n'avait pas remarqué ce petit geste car elle et ses assistantes s'étaient prosternées dès que Yadavindra s'était levé.

Elle vint s'asseoir familièrement face à moi et, d'une voix contenue, me raconta sa vie depuis notre dernière rencontre il y avait bien des années déjà... Je l'écoutai, sans l'interrompre, bien que son français ne fût pas très intelligible, tandis que ses deux assistantes enchaînaient des mélodies douces, sans nous prêter attention... Déchaussé, j'étais assis confortablement sur le tapis, le dos appuyé contre un long traversin, les bras soutenus par deux plus petits. J'avais tout du haut fonctionnaire indien au repos, d'autant plus que je portais des vêtements du pays, une longue chemise sans col et un ample pantalon de coton blanc.

Lakshmi, agenouillée à trois pas de moi, ponctuait chacune de ses phrases avec ses mains, ses doigts. Les bagues et bracelets en vieil argent superbement ciselé qu'elle portait étaient recouverts d'une mince pellicule grise. Leur donner trop d'éclat, devant le maharajah et ses hôtes, eût été impoli. N'étant pas noble, elle ne pouvait pas non plus porter en leur présence des bijoux en or sertis de véritables pierres précieuses. Ne sachant pas très bien quelle était ma situation présente, mais se souvenant que jadis, comme aide de camp de Raghoubir, je portais le turban aux couleurs dynastiques, elle avait composé sa parure en fonction de celles-ci. Le rouge de son boléro-soutien-gorge devait galvaniser mon imagination, le bleu de son sari soyeux, savamment drapé autour des hanches en « nuages du crépuscule », devait, en revanche, l'apaiser... Cet ensemble révélait sa taille, soulignée par deux plis, deux charmants « pneus » maquillés de poudre rose mat...

Lakshmi avait réussi dans son art. Elle avait bien mené sa carrière d'hôtesse à la cour d'un maharajah mondialement connu. Elle avait appris les subtilités du comportement et de l'apparence, connaissances indispensables pour ne pas trop exciter la concupiscence des princes de la cour ou la jalousie de leurs épouses et favorites... Elle évitait de se montrer trop belle, en ne cachant pas ses imperfections, son nez un peu trop grand et retroussé, ses oreilles légèrement décollées et sa bouche trop petite... Elle ne blanchissait plus sa peau en la poudrant. Intelligemment, elle avait laissé le maquillage aux femmes de la cour... « La peau trop blanche, trop douce est dangereuse en Inde », me dira-t-elle plus tard, car nos hommes ne pensent alors qu'aux caresses européennes. J'étais sûr qu'elle ne décolorait pas l'imperceptible duvet sous son nez, par respect du culte sikh pour les poils. Et pourtant, Lakshmi et son mari étaient des hindous pratiquants, et l'hindouisme a une sainte horreur des poils...

Dans cette province du Pendjab, pour témoigner de la sympathie à des personnages respectés, les femmes de la cour ornent leur front et leurs saris de taches rouges ou blanches symbolisant le soleil. Il y a deux jours le visage de Lakshmi était marqué d'un point rouge et d'un croissant de lune rappelant les origines solaire et lunaire de Yadavindra. A chacune de ses apparitions chez moi, elle changeait ce signe frontal selon ses états d'âme. Un matin, c'était une petite rose qui exprimait son amitié à mon égard, et un autre jour une minuscule étoile en papier argenté pour m'annoncer des mélodies gaies...

En dehors de ses assistantes, elle était toujours accompagnée de trois servantes, chargées non seulement de porter son nécessaire de maquillage, mais aussi de préparer le thé pour elle et ses musiciennes, sans compter ses enfants en bas âge. Je n'ai jamais pu savoir combien elle en avait. Les deux garçons qui la suivaient avaient trois et quatre ans, et jouaient dans le couloir tandis qu'elle s'habillait et se maquillait dans le salon.

L'habitude qu'ont les artistes de donner leurs récitals accompagnés de leur famille m'agaçait au début, mais j'ai vite fini par m'adapter aux coutumes du pays.

– Je me comporte avec vous, disait Lakshmi, comme avec les princes amis intimes du maharajah Yadavindra. Il y a au palais d'autres hôtesses pour les Européens et les Américains importants. Remarquez, ajouta-t-elle avec une nuance de reproche dans la voix, j'ai bien cru hier qu'elles me remplaceraient...

Lakshmi faisait allusion à la matinée précédente, lorsqu'elle et ses assistantes ornaient tout leur corps de mendis, des dessins porte-bonheur, représentant des petits poissons. Elles les élaboraient devant moi, tandis que je prenais mon petit déjeuner, et comment faire autrement que de les regarder ! Elles s'étaient, ensuite, drapées de saris de mousseline bleu pâle, totalement transparente, et, en ondulant le corps sereinement, elles chantaient une romance, très populaire chez les paysannes du Rajasthan...

En observant Lakshmi, mon esprit ne parvenait pas à dissocier ses formes de celles des sculptures de Kadjouraho. Le galbe de ses jambes si caractéristique chez les Indiennes, plus massif que celui des Européennes, était plus rassurant et en tout cas moins érotique. Même ses seins amples et fermes avaient la beauté tranquille, asexuée, des déesses et reines de Kadjouraho... En revanche l'aréole, autour du mamelon, que les hindoues des classes supérieures maquillent pour la rendre moins voyante et que Lakshmi parsemait de paillettes dorées, était d'un érotisme raffiné. Au-dessous du nombril que dévorait une étincelante pierre semi-précieuse verte, ses assistantes avaient dessiné une kyrielle de petites étoiles qui descendaient jusqu'au... Ça alors ! Avait-elle osé épiler sa toison pubienne ? Eh non ! Elle en avait camouflé la pilosité à l'aide d'une fine pâte couleur chair, la fameuse Gopi-Sandana. Une pâte à maquillage fabriquée avec l'argile que l'on prélève sur le fond du lac des Gopis. Ces bergères, amantes du dieu Krishna, s'y baignaient nues en sa compagnie et maquillaient leur triangle pubien afin de lui faire croire qu'elles appartenaient à des familles nobles, les seules à posséder le privilège d'être épilées.

Lakshmi avait composé ce tableau vivant d'après les miniatures du musée de Patiala. Tout à coup, elle s'approcha à moins d'un pas en levant ses bras pour me faire admirer ses aisselles. Ses bambins intéressés par sa posture accoururent et s'accroupirent à mes côtés pour regarder ce que leur maman me montrait. Sous son aisselle droite était dessiné, sur la mince couche d'argile sainte cachant ses poils, un bébé à tête d'éléphant, le dieu du bonheur né de la transpiration de l'aisselle droite de Parvati, déesse de la Beauté. L'aîné des enfants, le plus intrépide, monta sur mes cuisses pour admirer de plus près le spectacle, tandis que Lakshmi, imperturbable, tournait lentement sur elle-même pour me révéler sur son aisselle gauche le dessin d'une femme entourant de ses mains son sein côté cœur.

– Reconnaissez-vous Ousha, la déesse de l'Aurore et du sel ? me demanda-t-elle en écartant son voile et en entourant de ses mains son sein...

Je connaissais l'histoire de cette déesse d'après la statuaire de l'un des temples de Kadjouraho. Ousha, fille des Nuages, rendait visite chaque jour avant l'aube à son amant le Soleil... Celui-ci, afin de reprendre des forces pour sa course journalière, buvait son lait et la transpiration salée de son aisselle gauche...

– Savez-vous que mon mari trouve un grand soulagement dans cette légende lorsqu'il est parfois pris d'une crampe au matin ? Il recueille la sueur de mon aisselle gauche sur le bout de la langue et je vous garantis que l'effet est immédiat !

Mon état d'excitation, entretenu par son babillement, augmenta quand les senteurs naturelles de son épiderme se mêlèrent aux parfums qu'une de ses servantes lui appliquait de temps à autre, à la grande joie des enfants qui en réclamaient, eux aussi, quelques gouttes... Le plus étonnant à mes yeux était que le charivari ne parvenait pas à dissiper mon état euphorique, bien au contraire. Lakshmi arborait un sourire chaleureux et, pour me remercier de cet hommage à sa féminité, effleurait de sa main droite le renflement fort impudique de mon pantalon, geste exceptionnel aux Indes. Elle me regarda droit dans les yeux puis pencha la tête dans ma direction. Heureusement, je connaissais la signification de ce mouvement. Elle me montrait la trace rouge marquant la raie de ses cheveux, gage de fidélité envers son époux... Je fus dépité et content à la fois lorsque Velou, qui se tenait en silence sur le seuil de la porte avec les domestiques de Lakshmi, s'avança et me chuchota qu'il était minuit, l'heure de la retraite des artistes...

Ces coutumes d'hospitalité paradisiaque n'étaient pas

l'apanage des cours princières. Les artistes, les musiciens et les hommes d'esprit recevaient ainsi leurs amis, mais tout cela a pratiquement disparu. Aujourd'hui, rares sont ceux qui peuvent se permettre d'entretenir des hôtesses pour procurer un divertissement « esthétique » à leurs invités. La plupart se contentent de mettre à votre disposition une télévision, un magnétoscope et quelques cassettes vidéo...

La performance sensuelle de Lakshmi me rappelait la surprenante cérémonie à laquelle j'avais assisté quelques années auparavant, dans une école fondée par Yadavindra. Il s'agissait d'effectuer une sélection parmi des candidates institutrices. Le jury, composé de professeurs hommes et femmes, exigeait des postulantes en plus de leurs qualités professionnelles une pilosité drue, preuve d'un caractère énergique. L'inspection des poils des jambes, des bras, des sourcils et du duvet de la lèvre supérieure d'une belle brune ne les ayant pas convaincus, la jeune fille dénoua alors le pan de son sari qui faisait office de cache-sexe, et sans aucune gêne offrit à la vue des experts son triangle pubien très fourni. Ils y vont un peu fort, pensai-je, en voyant les membres de la commission se pencher pour vérifier s'il était, aussi, bien peigné. Cependant, à aucun moment je ne décelai chez le jury de concupiscence, de geste déplacé. Les candidates s'attendaient sûrement à cette épreuve car elles ne portaient pas leurs pyjamas, nom pendjabi, qui veut dire pantalon féminin flottant... En fait, de toute l'assistance, je fus le seul à être troublé, et je réalisai combien ma pudibonderie occidentale était hypocrite. La jeune candidate fut choisie et reçut des mains de Yadavindra un bracelet-jonc en acier, comme les trois autres jeunes filles sikhs repêchées par le même procédé.

Les hommes et les femmes sikhs doivent être aussi poilus que le lion, disent les Écritures, qui ajoutent que cet animal, jadis très commun en Inde, tire son courage et sa force de ses magnifiques poils...

La religion hindoue est déconcertante et ô combien contradictoire. Elle commande aux Sikhs de garder leurs cheveux, mais elle oblige d'autres fidèles de l'hindouisme à s'en débarrasser selon les saisons et les cérémonies. Cependant, il est une règle commune à tous les hindous : ils ne doivent jamais s'épiler eux-mêmes car chaque poil arraché signifie la mort d'un minuscule organisme vivant. Innombrables sont les spécialistes qui s'en chargent. Ces hommes et ces femmes ne craignent pas la conséquence de cet acte cruel : la rétrogradation dans l'échelle sociale hindoue. Pourquoi ? Parce qu'ils appartiennent déjà à la dernière caste appelée shoudra, mot qui pourrait aujourd'hui être remplacé par « technicien » : médecins, coiffeurs, agriculteurs, tous ceux qui par leur travail côtoient la mort... Il ne faut pas confondre les shoudras avec les intouchables, qui vivent en dehors de la communauté hindoue, formant ce groupe à part auquel les prêtres hindous assimilent souvent les... Européens.

Certains épileurs se vantent même de pouvoir arracher impunément, entre les sourcils, les poils chargés dit-on de pouvoirs maléfiques et que l'on doit conserver dans des boîtes spéciales. D'autres, aimant se faire appeler « maîtres épileurs du pubis », officient à proximité des grands temples et citent même, sur leurs cartes commerciales, des noms de clients célèbres. Quand nous avons, mon fils et moi-même, filmé une cérémonie dans le temple de la déesse Gange à Bharatpour, nous fûmes sollicités par un artiste-épileur. Pour nous convaincre de son talent, il fit venir une jeune courtisane du temple qui nous dévoila son bas-ventre artistement épilé et joliment peint... Je me rappelle qu'en la regardant Jean-Noël s'est exclamé : « Et moi qui croyais que cela ne se faisait qu'à Saint-Tropez !... »

Chapitre 11

Une centaine de pas seulement séparaient les bungalows des invités de marque du Raja-Kothi où devait avoir lieu la réception de bienvenue. Pourtant, tous les maharajahs et rajahs arrivèrent dans leurs voitures, arborant chacune le fanion dynastique et les plaques d'immatriculation rouges, gravées du nom de leurs anciens royaumes.

– Cela ressemble à un « baroud d'honneur », remarqua Raghoubir qui les regardait se ranger devant les fenêtres de son appartement. Filmez-les, afin d'immortaliser tous les rois sikhs avant que de graves événements ne surviennent, car leur mécontentement va croissant, écrasés qu'ils sont par les impôts sur leurs récoltes de blé.

En effet, sur le conseil de Yadavindra, tous les maharajahs et rajahs sikhs ont aidé leurs sujets à développer l'agriculture. En quelques années, leurs récoltes ont surpassé toutes celles de l'Inde, et le Pendjab est devenu son véritable grenier.

– Faut-il observer le protocole et les préséances pour les filmer? demandai-je.

– Si vous le faites, vous ferez beaucoup d'heureux, répondit Raghoubir, mais commencez par les Kapourthala, vous savez bien pourquoi...

Je l'aurais fait de toute façon. Les Kapourthala parlaient et vivaient à la française depuis quatre générations et je n'ai pas oublié que grâce à Yadavindra, leur ami, j'avais pu réaliser, vingt-cinq ans auparavant, un reportage pour *Paris-Match* sur les « Dernières heures du Versailles de l'Inde ». Ce royaume, quoique huit fois plus petit que celui de Patiala, fut remarquablement administré pendant cinq siècles par les Kapourthala, qui relevèrent le niveau de vie de leurs sujets et parvinrent à se hisser à la deuxième place des États sikhs.

Tandis que Yadavindra recevait son ami Raghoubir, les maharajahs voisins et leurs épouses dans la Grande Salle, j'allai me promener dans le parc du côté des bungalows. Alors que je m'en approchais, j'entendis des trémolos de tablas ou petits tambours, joués par des enfants et leurs mères. Ceux-ci s'arrêtèrent un instant à la vue de ma caméra... puis commencèrent à chanter en s'agglutinant autour de moi. Notre attroupement finit par susciter la curiosité de jeunes gens s'entraînant à proximité au polo, sport pratiqué au Pendjab depuis l'époque d'Alexandre le Grand. Jugeant ma présence opportune, ils se livrèrent devant moi à une démonstration de leur jeu favori. Ils galopaient maillets en main, s'arrêtaient pile pour changer de direction à la poursuite de leur balle, ainsi plusieurs fois de suite, toujours suivis imperturbablement par des porteurs d'outres d'eau qui arrosaient le terrain pour empêcher la poussière de se soulever. Celle-ci, jaune verdâtre, fine, collante, irrite le nez et la gorge, mais chacun la traite avec respect car dans le passé elle sauva à de nombreuses reprises la vie de beaucoup de soldats sikhs et européens, en les camouflant. Cette poussière s'appelle kaki dans la langue locale...

Mon tournage terminé, l'un des joueurs de polo vint à ma rencontre et me dit en français : « Je suis le prince de Kapourthala. » Il m'invita à l'intérieur de son bungalow et me présenta à ses compagnons. Nous avions un sujet de conversation tout désigné car j'avais visité leurs anciens royaumes dont la renommée en Europe avait été très grande. Ils avaient été les rares, sinon les seuls États indiens à avoir aboli le système des castes et avoir fait disparaître la mendicité. Leurs maharajahs sikhs, fidèles à leur religion, refusaient de glorifier la pauvreté, base principale de l'hindouisme.

Un jeune homme coiffé du turban des rajahs de Djind m'écoutait attentivement en regardant mélancoliquement ma caméra. Voulant lui être agréable, je lui demandai comment se portait Sangroun, la ville rose, l'ancienne capitale de Djind? « Comme la tour de Pise », me dit-il en souriant, me faisant comprendre que cette belle ville s'écroulait lentement.

De fait, les nouvelles qu'il m'en donna étaient navrantes. La fameuse patinoire que son arrière-grand-père avait créée, il y a un siècle, était désormais fermée, son installation d'air conditionné ayant rendu l'âme... Première patinoire construite en Inde, elle n'était pas née d'un caprice princier, mais faisait partie de l'orphelinat et de l'école de filles et de garçons, lesquels passaient gratuitement leur temps de récréation dans une ambiance « vosgienne ». A l'époque de ma visite, le vieux maharajah faisait pulvériser du haut de la coupole de la patinoire dc l'essence de pins des Vosges, région où il avait combattu à la tête de son régiment en 1916. Fin lettré, il émit un jour un souhait qui me surprit plus encore que son désir de faire avec moi des pirouettes sur la glace : Il désirait avoir une photo de Jules Verne jeune, et une autre montrant l'intérieur de son école à Nantes. « C'est le vœu de tous nos élèves orphelins qui rêvent d'aventures... », me disait-il. La bibliothèque que les maharajahs de Djind enrichissaient sans cesse possédait déjà tous les ouvrages de Verne en anglais...

Le jeune prince de Djind s'était détendu, heureux que l'on parlât ainsi de son pays, d'autant plus que plusieurs jeunes filles s'étaient jointes à notre groupe. J'en profitai pour prendre congé et continuer ma promenade.

Une femme d'une trentaine d'années, la maharani de

Kapourthala sans doute, apparut portant des vases bleus, garnis de bougainvillées blanches, le blanc et le bleu étant leurs couleurs dynastiques. A peine eus-je le temps de me présenter qu'elle m'exhortait en ces termes :

– Bonjour, monsieur de Golish, dépêchez-vous de filmer ces raretés, c'est une variété très délicate qui se fane vite, comme son nom l'indique : Fantôme Blanc...

L'Inde abonde en bougainvillées dont la floraison tient du prodige, mais j'avoue que c'était la première fois que j'en voyais de cette couleur...

Yadavindra disait : « Elle est non seulement une musicienne, mais aussi une chanteuse remarquable. » Elle ressemblait beaucoup à sa tante, la princesse Asha. Celle-ci et son mari m'avaient jadis reçu à Kapourthala la veille même d'un pénible événement : leur départ du palais ancestral, réquisitionné par l'État pour être transformé en caserne. Ce fut l'un des sujets de notre conversation, en français bien sûr. Elle me connaissait par mes ouvrages sur les Indes des maharajahs et fut tout ouïe quand je lui racontai mon ahurissement, la première fois que je vis leur immense palais en grès ocre, dont chaque colonne – et Dieu sait s'il y en avait –, chaque fontaine et chaque parterre rappelait Versailles.

– Je n'ai pas connu cette époque, fit-elle avec regret, j'étais trop jeune.

– C'est peut-être mieux ainsi, lui dis-je, et je lui décrivis la triste scène de dévastation du parc par les bulldozers. Ils avaient rasé les fameux parterres et avaient nivelé les allées qui portaient toutes des noms français, pour aménager le futur champ de tir. Ce saccage était d'autant plus poignant qu'il se déroulait en présence des deux cents jardiniers et leurs familles se trouvant dorénavant sans emploi.

– Je n'ai jamais compris, observa-t-elle, pourquoi le gouvernement de notre République s'est tellement acharné sur les anciens souverains en quintuplant leurs impôts et en réquisitionnant leurs palais ancestraux...

– Peut-être parce que les amitiés de vos dirigeants ont changé de continent. Ils donnent maintenant la préférence aux Russes et aux Cubains plutôt qu'aux Sikhs qui se sont pourtant battus au cours des dernières guerres européennes à côté des Français et des Anglais.

– Sans doute, et c'est complètement absurde car lorsque éclata, il y a quelques années, la guerre avec le Pakistan, c'est bien mon oncle qui, à la tête de sa division, sauva l'Inde de la défaite.

Une heure s'écoula à converser avec elle. Ainsi j'appris qu'elle et son mari habitaient toujours à Kapourthala dans une grande maison située avenue des Champs-Élysées, la plupart des rues de cette ville ayant gardé leurs noms français.

Ils projetaient d'aller à Paris visiter les endroits où avait vécu sa grand-mère, la maharani Brinda.

– Brinda de Djoubbal? fis-je à son grand étonnement.

J'avais visité récemment le minuscule royaume de Djoubbal situé au pied de l'Himalaya, pays natal de sa grand-mère, célèbre pour la beauté de ses princesses et de ses paysages. Ces affirmations la firent rire, mais elle reconnut les avoir souvent entendues.

Je connaissais pour ma part leur château ancestral, construit en bois sur une petite falaise. Plusieurs dizaines de membres de sa famille y cohabitaient, installés dans une cinquantaine de pièces communiquant entre elles par une multitude de vérandas, de balcons et de couloirs, dégradés à présent par l'usure du temps. Je m'y perdais chaque fois que j'avais rendez-vous avec ses grands-oncles occupés à surveiller les professeurs de langues, chant, danse et peinture qui, haussant souvent la voix, s'efforçaient de dispenser leur savoir aux jeunes princes et princesses. Ces dernières étaient, en effet, très belles, ce qui veut dire en Inde : très claires de peau, fines de corps... et de caractère enjoué! Elles savaient que leur tante Amrita occupait le poste de ministre de la Santé de l'Inde indépendante; pourtant, elles préféraient me montrer des coupures de presse et les photos des princesses de Djoubbal mariées à de grands rois indiens, notamment celle de Brinda, devenue maharani de Kapourthala, « la plus parisienne des reines orientales des années trente », comme titraient les magazines de cette époque...

– Ma tante Brinda, lorsqu'elle venait nous voir, nous racontait toujours de merveilleuses histoires sur ses séjours parisiens ! J'irai un jour à Djoubbal, fit-elle, je sais que cela semble à côté de Kapourthala sur la carte mais en réalité, en voiture, c'est loin, très loin...

– C'est loin en effet, confirmai-je. Pour me rendre de Delhi à Djoubbal, il m'a fallu franchir plusieurs cols de 2 000 mètres d'altitude.

Il en fut de même pour atteindre les petits royaumes de Tchamba, Gouler, Pountch et Kangra que je voulais visiter. Leurs princesses et princes enseignaient eux-mêmes l'art des miniatures dans des écoles créées par leurs parents. Les palais familiaux en bois ne différaient pas beaucoup de celui de Djoubbal. Les sanitaires à l'occidentale certes manquaient, et les occupants menaient une existence modeste dans une relative promiscuité, mais ils s'étaient entièrement voués aux arts et vivaient heureux, sans souci du lendemain... Qu'importait leur appauvrissement, puisqu'on parlerait toujours des merveilleuses miniatures indiennes auxquelles on associerait les noms de leurs mécènes, les rajahs de Tchamba, Gouler, Pountch, Djoubbal, Kangra, qui immortalisèrent non seulement leurs collines et leurs paysages, mais aussi la joie de vivre de leurs sujets.

En face du bungalow de Kapourthala, un jeune homme énergique aidé de ses assistants s'ingéniait à adosser à leur pavillon un abri pour six magnifiques chevaux blancs. « Le fleuron de l'élevage de mon cousin, prince héritier de Nabha », fit la maharani de Kapourthala en me le présentant.

J'appris plus tard par Yadavindra que les Nabha vendaient à contrecœur tous leurs chevaux, leur situation financière étant devenue précaire. Leur royaume, avant son annexion à la République, couvrait une superficie de

1 500 kilomètres carrés et comptait 350 000 sujets, soit six fois moins, en territoire et en population, que celui de Patiala, mais jouissait d'un égal prestige aux yeux de tous les hindous.

J'étais persuadé que le jeune homme n'aurait aucune difficulté à trouver des acquéreurs car ses montures avaient les oreilles petites et pointues ainsi qu'une robe soyeuse, garantes de la pureté de leur sang. Le jonc d'argent à la patte avant-droite, au-dessus du genou, indiquait leur origine « divine » affirmée par cette légende : « Tchanda, le dieu Lune, était amoureux d'une étoile, chaque nuit il lui rendait visite, chevauchant son étalon blanc de Nabha. » Yadavindra, qui me l'avait racontée, ajouta qu'un de ses oncles, le maharajah Hari-Singh de Nabha, était si convaincu d'être le descendant de la Lune qu'il proposa à ses sujets que l'ouverture des audiences et des magasins se fît dorénavant au crépuscule. En gage de remerciement, il électrifia toutes les rues de Nabha. Celles-ci furent même comparées aux rues de Paris, ce qui attira à la fin du siècle dernier un tel nombre de visiteurs que ce petit royaume devint l'un des plus prospères de l'Inde. Pendant la Première Guerre mondiale, ses commerçants, apprenant les malheurs qui s'abattaient sur la France, équipèrent en chevaux le régiment de lanciers commandé par le père de Yadavindra, le maharajah Bhoupindra, et partirent nombreux sur le front de la Marne...

En prononçant le nom de ce célèbre champ de bataille, Yadavindra devint songeur, puis m'interrogea à brûle-pourpoint : « Connaissez-vous les bords de la Marne? J'aimerais beaucoup les voir. Mon père m'en parlait souvent en faisant des allers et retours entre son régiment et Paris. Ce doit être une région merveilleuse. »

Évoquer l'heureux temps des guinguettes et de la petite friture n'était pas difficile. Au mot « friture » il sursauta :

– Mais oui, je me rappelle maintenant les paroles de mon père : « Les délicieux petits poissons avec des frites... » Il faut absolument que nous y allions... Serez-vous à Paris dans six mois? Je fis signe que oui. Alors je vous préviendrai... Invitez quelques-uns de vos amis, ce sera plus gai, mais Vitold, pas de ministres, ni de lords ou ducs! Je serai en vacances...

– Vous ne risquez rien, répondis-je, je n'en connais aucun...

L'été commençait lorsque je reçus un télégramme de Patiala annonçant sa prochaine arrivée et se terminant par : « d'accord pour les bords de la Marne »... J'avais bien saisi l'allusion et me rendis sur place à la recherche d'une guinguette où l'on pouvait déjeuner en musique... Heureusement, il en existait encore. Tranquillisé, je contactai plusieurs de mes amis mariés pour m'assurer de leur coopération. Quelle ne fut pas ma surprise quand un envoyé de l'ambassade indienne à Paris se présenta à mon domicile! Il m'annonça que, pour me faciliter la tâche, il avait prévenu les maires, retenu un bon restaurant, et obtenu un orchestre militaire...

Ce revirement me plongeait dans un abîme de perplexité : Yadavindra, qui m'avait assuré vouloir prendre quelques jours de vacances « sans façons », prévenait tout le monde... Attendant ma réponse, l'envoyé spécial en fonctionnaire stylé s'était assis sur la moitié d'une chaise de mon séjour, dissimulant mal son ahurissement devant la petitesse de mon appartement.

– Je pensais, lui dis-je, qu'un chanteur local accompagné d'un accordéoniste suffisaient.

Sa surprise grandissait... mais il tenait bien son rôle :

– Bien sûr, si vous estimez cela nécessaire, balbutia-t-il, en tout cas, nous avons déjà envoyé des fleurs...

Cette annonce me parut tout de même suspecte.

– Mais comment savez-vous où Son Altesse veut se rendre?

– Nous avons l'habitude, fit-il, nous avons déjà commandé des œillets rose pâle pour les tombeaux de sa famille...

Je n'y étais plus du tout. Des tombeaux! Mais de quoi

parlait-il? Il m'a fallu une bonne minute pour comprendre qu'il s'agissait des tombeaux des officiers et soldats sikhs tués au cours des batailles de la Marne, dont l'entretien était assuré par l'ambassade... Il y avait donc au palais de Patiala quelqu'un qui prévenait le gouvernement du contenu des télégrammes... Devais-je dissiper le malentendu ou valait-il mieux ne rien dire?... Ainsi les tombeaux des pauvres soldats indiens, les pelouses et les murs qui les entouraient seraient nettoyés et réparés... Je racontai bien sûr cette visite à Yadavindra à sa descente d'avion... Il ne mit pas longtemps à se débarrasser des officiels. C'est dans ma voiture que nous nous rendîmes à la guinguette où nous attendaient mes amis. Le ciel était comme les Indiens l'aiment, légèrement voilé, la friture et le petit vin blanc excellents, l'accordéoniste se surpassa, Yadavindra était aux anges... Il prolongea son séjour à Paris de plusieurs jours... Je découvris un être spirituel, aux goûts simples, et mes amis trouvèrent que mon roi sikh, à première vue sérieux et distant, était en fait un joyeux compagnon plein d'un humour caustique qui nous faisait souvent rire aux larmes, quelquefois même à ses dépens...

Je me souviens du jour où l'épouse d'un de mes amis lui proposa en plaisantant de le conduire à bord de son petit coupé à deux places. Sans hésiter, Yadavindra ouvrit la portière et s'y engagea la tête enturbannée la première. Il dut s'y prendre à plusieurs reprises avant de réussir cette performance. Le trajet terminé, il en sortit à quatre pattes, au grand étonnement des passants...

– J'ai toujours été encombrant, nous racontait-il en riant, déjà, à huit ans, ma taille était bien au-dessus de la moyenne... A Patiala, au cours d'un banquet que mon père offrit en 1921 au duc de Windsor, celui-ci exprima le désir de me voir... Comme je le faisais avec mon père, j'accourus et sautai sur ses genoux... Patatras, la chaise s'effondra et nous voilà par terre tous les deux, moi assis sur son ventre...

– Et alors? alors? demandions-nous à l'unisson, comme dans la chanson de Zorro.

Sûr de son effet, il nous faisait languir un peu.

– Eh bien, fit-il enfin, il ne se passa rien. Le duc dut s'aliter et le match de polo auquel il devait participer fut supprimé...

La veille de son départ pour Rome, où il allait assister à un bal donné au profit d'œuvres charitables, l'infatigable Yadavindra s'informait de la dernière danse à la mode. Nos épouses lui proposèrent de la lui apprendre en organisant chez moi une soirée dansante. Pour qu'il soit à la page, nous nous sommes tous rendus dans un magasin « grandes tailles » où nous lui avons choisi un pantalon à pattes d'éléphant, alors en vogue. Ce fut notre cadeau, car il n'avait jamais d'argent sur lui et nous ne voulions surtout pas de la présence de son aide de camp trésorier...

J'avais prévenu mes amis de cette habitude et de cette autre, typiquement maharadjienne : l'essayage se faisait devant tout le monde. L'expression médusée du vendeur, lorsque Yadavindra lui demanda de lui retirer son pantalon, valait le coup d'œil. Il hésitait, mais les deux mètres de son client auxquels s'ajoutaient dix centimètres de turban l'en dissuadèrent ; il s'exécuta... Yadavindra portait la culotte kaki des Sikhs. Le vendeur, qui se révéla être le patron, comprenait l'anglais, le titre de « Your Highness » que nous adressions à Yadavindra l'impressionnait plus que nos plaisanteries. Pendant que l'on procédait aux retouches sur son pantalon, les épouses de mes amis lui offrirent une cravate et une pochette. Le patron ne disait toujours rien, mais quand chacune d'elles lui régla son achat il me demanda en chuchotant :

– Ce monsieur aurait-il perdu son portefeuille ?

– Pas du tout, fis-je d'une voix tout aussi confidentielle, ce monsieur n'en a jamais eu, ce sont toujours ses favorites qui paient...

Mais l'évocation de souvenirs liés à un personnage aussi sympathique m'éloigne quelque peu de la réalité présente : notre séjour à Patiala s'achevait.

Chapitre 12

Je commençais à prendre du plaisir à voir tous les jours mes danseuses, mais ce matin-là Lakshmi arriva l'air soucieux. Elle portait un sari vert foncé, la couleur du recueillement. Je m'apprêtais à lui en demander la cause quand j'aperçus, collée sur son front, une toute petite photo de Yadavindra.

– Notre maharajah est malade d'une grande fièvre, me dit-elle en français pour ne pas être comprise de ses assistantes.

La veille, Yadavindra avait donné un grand dîner en l'honneur de tous ses amis, aussi la rassurai-je en lui disant qu'à mon avis il avait trop bu.

Mais Lakshmi rectifia : « Son Altesse Yadavindra a très peu bu, m'a dit mon mari, il a surtout tremblé. »

Encore un accès de malaria, pensai-je, sans m'inquiéter outre mesure. Je n'avais vu, pendant le déjeuner, aucune autre femme de la cour porter la photo de Yadavindra collée sur le front, et aucun secrétaire ou aide de camp ne l'avait fixée sur son turban. (La coutume de placer sur le front l'image de leur guide spirituel, pour lui souhaiter une longue vie, était assez répandue dans les anciens royaumes.)

Quelle ne fut pas ma stupeur – et il en fallait pour m'étonner – lorsque, à la réception d'adieu donnée la veille de notre départ, Lakshmi apparut. Elle était accompagnée cette fois de musiciens et d'une très jeune élève, la petite-fille de Yadavindra, qui se plaça sur un modeste tapis à côté des artistes. Sur le front de Lakshmi se détachait le dessin d'un phallus, l'emblème sacré de la procréation; c'était sa façon de souhaiter à Raghoubir d'être rapidement père. Elle commença à chanter la célèbre prière du roi solitaire soutenant la montagne sur laquelle vivaient tous ses ancêtres, dans l'attente d'être relayé par un fils donné par les dieux...

Le pathétique et le comique vont souvent de pair en Inde. La réception était à peine terminée que des préposés aux vases d'aisances se présentaient devant leurs maîtres. Sur place, d'autres spécialistes leur refaisaient une beauté en les peignant et en lustrant leur barbe, avec célérité car Yadavindra les invitait à se rendre sur la pelouse. Là, leurs épouses, leurs filles et leurs fils, accompagnés des Sardars, les nobles de leurs cours, sirotaient des rafraîchissements que des domestiques enturbannés et revêtus d'un plastron plaçaient devant chacun d'eux sur de petites tables. C'est alors qu'un héraut annonça l'élection de « Monsieur Muscle Sikh ».

Sur une estrade, plusieurs candidats se présentèrent. Tous avaient le corps puissamment musclé et luisant, la barbe aplatie sous la résille, la chevelure réunie au sommet du crâne, en forme de pomme, emprisonnée dans un mouchoir portant leurs couleurs fétiches. Je savais qu'à l'intérieur du chignon étaient enfermés deux de leurs cinq talismans, un morceau d'acier symbolisant la confiance dans les armes et un petit peigne rappelant le devoir de soigner constamment l'attribut de la virilité, la pilosité. Celle-ci est concrétisée, sur la poitrine des Sikhs, par leurs poils artistement noués en une centaine de minuscules couettes.

L'orchestre du palais entama une marche militaire sur laquelle les concurrents, en mesure, se mirent à gonfler pectoraux et biceps, sous les applaudissements frénétiques des femmes, des hommes et des jeunes Sikhs dont la plupart s'étaient rapprochés du podium. L'enthousiasme gagnait même les domestiques qui, de loin, agitaient les bras.

Laissant les protagonistes prendre des poses aussi compli-

Le maharajah Yadavindra de Patiala et les décorations décernées aux régiments sikhs, pour bravoure au cours des deux dernières guerres mondiales.

Ci-dessus et ci-contre : Lakshmi, chanteuse vedette à la cour de Patiala, parle français.

Page de gauche : Le temple d'Or d'Amritsar fondé par Govind, l'ancêtre du maharajah de Patiala *(en haut)*. À Patiala, dans le « Palais des Perles » aux dimensions comparables à celles du Louvre, les tapis recouvraient deux hectares de sol en marbre *(au centre)*. Le maharajah avec l'auteur et des journalistes au bord de la Marne où se trouvait en 1914 le quartier général du régiment des Lanciers de Patiala *(en bas)*.

Des millions de fidèles venus à Trichour ont décerné à Shiva et à son épouse Parvati le titre de « Dieux les plus énergiques de l'Inde ». Ils leur ont offert trois tonnes d'or ainsi qu'une cinquantaine d'ombrelles ornées de perles et pierres précieuses.

En 1960, l'auteur photographie le grand palais de Srinagar *(ci-contre)*, la capitale du Cachemire. Devenu propriété municipale, puis la proie des flammes, voici son état actuel *(ci-dessus)*.

Page de droite, en haut et au centre, les photos prises la même année à Kapourtala représentent le Versailles de l'Inde ; aujourd'hui c'est une caserne. L'avenue principale de Porbandar *(ci-dessous)* fut créée par le père du Mahatma Gandhi, alors grand chambellan à la cour du maharajah de Porbandar. Son état d'abandon est aussi grand que celui de la Cité des Mille Temples à Palitana *(en bas, page de droite)*.

C'est une grande journée pour mon fils et moi-même. Nous filmons une des cérémonies les plus secrètes qui permet à un hindou ayant déjà deux femmes et toujours pas de fils, d'en prendre une nouvelle sans qu'elle soit considérée comme sa troisième épouse, car le chiffre trois est maudit. Le mari, un très riche rajah quinquagénaire, est prêt à tout pour sauver sa dynastie. Il couvre de bijoux sa future, une parente instruite mais sans dot, puis selon la coutume ancestrale épouse d'abord le basilic, la plante sacrée revêtue du sari de mariage, et ensuite la belle élue.

Sous la protection de Vishnou, les maharajahs ont réuni 1001 vaches blanches au bord du Gange pour que leur lait guérisse le fleuve sacré.
Vishnou est apparu plusieurs fois sur terre, notamment sous l'aspect de Krishna et Rama. Jean-Noël de Golish découvre dans les jungles du centre de l'Inde le petit peuple des Ramanis qui, croyant avoir Rama pour ancêtre, l'honorent en tatouant leurs corps 1001 fois de son nom et en marquant d'autant de fois leurs vêtements.

À Dwarka, le Royaume des Perles fondé par Krishna, les familles aisées recouvrent leurs fils de bijoux et de perles pour remercier ce dieu de leur avoir donné un bel enfant.

Chez les bergers, pour espérer un fils, la mariée doit façonner un petit Krishna avec l'argile provenant du lac sacré où cette divinité se baignait avec leurs aïeules.

« Les miroirs mangent le feu du soleil, affirme la femme du chef que je filme. Plus il fait chaud, plus il faut de miroirs pour garder le corps froid... » Il n'est pas rare que chaque femme lambadi soit lestée d'une dizaine de kilos de bijoux.

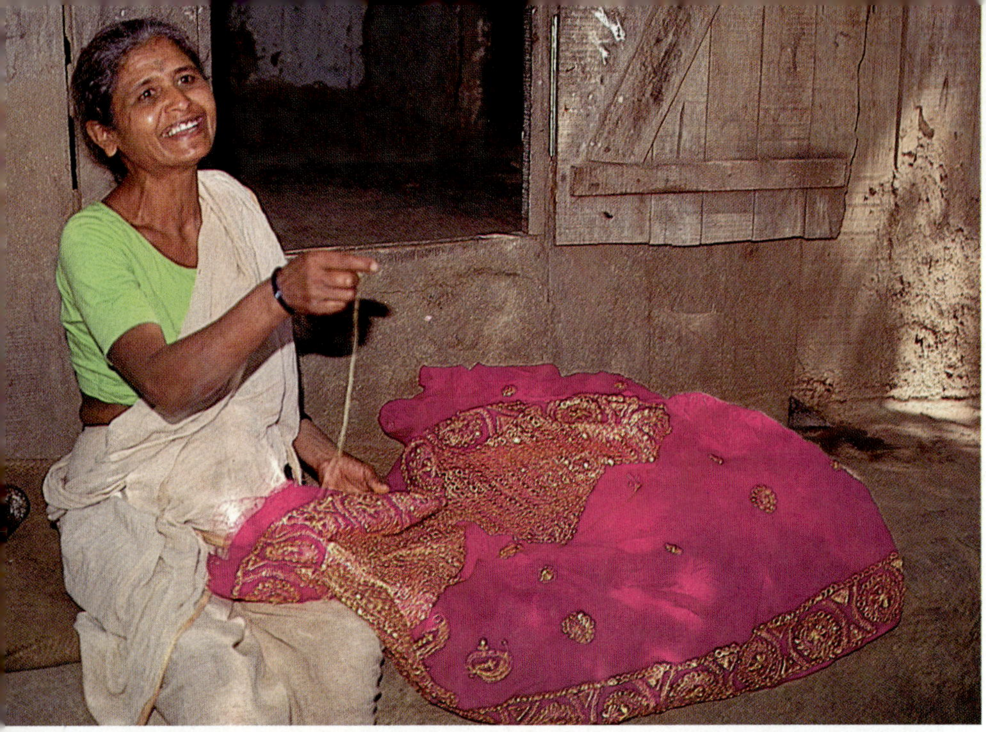

J'ai revu Velou, qui après avoir été mon fidèle cuisinier durant mes trente séjours indiens est maintenant retraité dans son village. Sa femme *(en haut)* vient de broder un sari pour mon épouse et leur jeune pensionnaire *(en bas, à gauche)* achève un petit tapis pour ma fille.

Le palais natal de Raghoubir est encore intact, car les trois cents pièces de cette énorme bâtisse fortifiée dont la moitié a les dimensions d'une cathédrale alors que d'autres sont si basses que l'on touche presque le plafond, ont été jugées « inadaptées et bien trop bizarres pour qu'une sous-préfecture y prenne place », par la Commission chargée de réquisitionner les biens des maharajahs. Dans les cuisines au sous-sol, les prêtres, qui ont fait vœu de silence, font rôtir des galettes de blé sans levain.

Selon ce vieux chambellan, le corps du grand-père du maharajah Raghoubir décédé en France fut placé, embaumé, dans cette Hispano et envoyé par bateau à Virapour pour y être incinéré. Parmi les dix Hispanos de la cour, les deux qu'il aimait conduire lui-même furent recouvertes de fleurs et transportées à bout de bras vers des endroits secrets où elles furent ensevelies.

quées qu'avantageuses, je repris le fil de mes pensées, de mes souvenirs.

Quelques années plus tôt à Aurangabad, une grande ville du centre de l'Inde, nous assistions, mes enfants, mon épouse et moi-même, à un spectacle de cirque. Un énorme éléphant, le corps peint de fleurs multicolores, tenant une ombrelle dorée dans sa trompe, évoluait sur deux câbles d'acier, tendus parallèlement à plusieurs mètres du sol entre deux grands troncs d'arbres. L'animal était un extraordinaire funambule. Les deux pattes avant dressées, il avançait sur ses pattes arrière en barrissant avec une aisance stupéfiante pour atteindre une plate-forme distante d'une dizaine de mètres. Incroyable numéro... Nous applaudissions à tout rompre, mais, ô surprise, les spectateurs restaient de marbre. En revanche, leurs bravos devinrent hystériques à la vue de Monsieur Muscle, un géant blanc, champion de je ne sais quelle ville américaine... En vérité, c'était lui l'attraction principale de ce cirque.

Un jour, je racontai cette performance à Yadavindra et conclus en suggérant que cette attraction n'aurait probablement remporté aucun succès chez les Sikhs car le bonhomme, non seulement était imberbe, mais encore offrait aux regards sa poitrine soigneusement épilée aussi lisse qu'une coquille d'œuf. Sans me répondre directement il observa :

– Savez-vous que les poils de la poitrine des soldats sikhs les protègent des balles. Superstition, croirez-vous sans doute, ajouta-t-il devant mon scepticisme, mais allez donc voir mon oncle. Il a quatre-vingt-cinq ans ; grâce à ses poils noués en couettes, sa poitrine est aussi efficace qu'un pare-balles. Il a du reste survécu à plusieurs de ses blessures, reçues en France au cours de la Première Guerre mondiale. Il affirme hautement que les balles, effrayées d'avoir à le frapper de front, « préféraient » lui égratigner les côtes... Et Yadavindra termina en riant : Nos femmes adorent faire les couettes !

Sur le podium de la pelouse, le public plébiscitait « Monsieur Apollon ». Yadavindra, accompagné du jury, s'avançait maintenant pour distribuer les prix au vainqueur et à chacun des participants.

En le regardant, j'avais le pressentiment que je ne le verrais plus. C'est ridicule, pensai-je devant la pelouse maintenant noire de monde. L'après-midi touchait à sa fin, les serviteurs allumèrent les lampadaires, et au même instant, à l'horizon, des projecteurs illuminèrent l'Institut des Sports, l'ancien Moti-Bâgh. Je me souvins alors de ma première visite de ce palais, où, en compagnie de Le Corbusier, je fis la connaissance de Yadavindra.

Après l'audience qu'il avait accordée au célèbre architecte, il nous avait invités dans un salon où conversaient, sur des sofas, deux jeunes femmes et une dame d'âge mûr. Ses épouses ? Ses filles ? Le maharajah fit les présentations sans les nommer. Très naturellement, comme c'était à prévoir, elles nous demandèrent des nouvelles de Paris... Au bout d'un moment, Yadavindra nous proposa d'aller nager un peu dans sa piscine. Au mot piscine, les deux jeunes femmes assises à ses côtés se mirent, en riant, à déboutonner sa chemise-veste, dévoilant sa poitrine velue, foisonnant d'une multitude de couettes qu'elles commencèrent à dénouer une par une. Le maharajah riait lui aussi, mais un peu jaune, car dans leur empressement, elles lui tiraient les poils. On aurait dit qu'elles se livraient à un jeu : « à celle qui terminerait la première ». Le Corbusier était pétrifié de surprise... Myope, il n'arrêtait pas d'ajuster ses grosses lunettes... J'avoue que j'étais saisi d'étonnement moi aussi, d'autant plus que l'une d'elles, emportée par son élan, se mit à dénouer les couettes du bas-ventre royal...

Chapitre 13

– Je vous invite à la noce de mon neveu, à Amritsar, me dit Yadavindra, je suis sûr qu'une cérémonie de mariage sikh manque à votre collection de films sur les coutumes indiennes. Je suis content que vous y assistiez aussi à mon shasti-pourti, la célébration de mes soixante ans...

Dans l'« Inde hindoue », on ne fête aucun anniversaire à partir de soixante ans. La personne qui les atteint offre, ce jour-là, des cadeaux à la famille et aux dieux, pour les remercier d'être parvenue à cet âge. Désormais, elle s'adonnera à des activités calmes, spirituelles, et si possible se retirera dans les montagnes. Au cours de mes séjours au Pendjab et au Rajasthan, je rencontrais souvent de magnifiques vieillards sikhs, arborant de longues barbes d'un blanc soyeux et des moustaches en ailes de papillon, qui, à la question : quel âge avez-vous ? me répondaient toujours : « bientôt cent vingt ans ».

Deux heures de route séparent Patiala d'Amritsar. Aucun problème pour nous loger, la famille de Yadavindra, fondatrice de cette ville, y possède encore de nombreux palais et villas. L'anniversaire se fêterait au Temple d'Or, le « Vatican » du sikhisme.

La visite de Yadavindra, à l'occasion de son dernier anniversaire « officiel », était saluée dans tout Amritsar par des portiques d'honneur lui souhaitant longue vie. Ces vœux étaient confirmés par de minuscules radeaux en osier supportant des bougies que ses fidèles avaient placées sur l'eau du bassin sacré entourant le sanctuaire. Leurs lumières s'unissaient aux reflets des mille lampes décorant les murs du temple, le métamorphosant en un gigantesque vaisseau en or. De fait, ces murs sont entièrement plaqués de feuilles d'or, sur lesquels ont été gravés des versets des Écritures sikhs.

Cette merveille d'architecture et de joaillerie fut créée il y a cinq siècles, au milieu de ce bassin alimenté par les eaux d'une source miraculeuse, révélée au sage Nanak, fondateur de la religion sikh, par le Créateur lui-même... On appelle cette eau Amrita, parce qu'elle élimine toutes les faiblesses; c'est pourquoi, lors des cérémonies d'initiation des jeunes Sikhs, les parents leur en mouillent la moustache naissante. Ils leur offrent ensuite la première des culottes courtes qu'ils porteront dorénavant, sous le pagne, et plus tard sous le pantalon. Ce short en tissu kaki, l'un des cinq objets sacrés dont un Sikh ne doit jamais se séparer, représente le signe de reconnaissance, notamment en cas de mort sur le champ de bataille.

Sikh veut dire disciple, disciple de Nanak. Cet homme exceptionnel, fils d'une famille princière hindoue très pieuse, jugeait le système des castes injuste, tout comme la condition des femmes. Il conçut alors une religion basée sur l'existence d'un Dieu unique, Créateur du Monde. Il proscrit le culte des idoles, les castes et la polygamie. Pour Nanak, la femme est l'égale de l'homme. Une autre particularité de son système religieux par rapport à l'hindouisme est sa condamnation de la non-violence... « C'est une lâcheté impardonnable, disait-il à ses disciples, seule la discipline militaire peut nous rendre courageux comme le lion. » Impressionné par ce fauve, alors très commun en Inde, il exigea des hommes et des femmes qu'ils se nourrissent comme celui-ci de gibier, afin d'être grands et forts, et qu'ils portent une longue chevelure et des poils abondants... « parce que les poils donnent du courage »...

Ces préceptes sont encore scrupuleusement appliqués de nos jours par quinze millions de Sikhs ; j'en eus la preuve au cours du mariage du neveu de Yadavindra. Govind, âgé de vingt-cinq ans, et sa future femme Amrita, dix-neuf, étaient tous deux de taille impressionnante et portaient beau, comme leurs familles et invités. J'étais de plus fasciné par leur allure insolite : ils se tenaient debout, au milieu d'une immense tente, vêtus de billets de banque !

Les Sikhs sont fiers de deux traits qui les caractérisent et que jalousent d'autres groupes ethniques, notamment les hindous : ils n'ont jamais eu et n'ont toujours pas de mendiants et ils adorent travailler. Il est donc de règle que chacun fasse étalage de ses richesses. Celles-ci se jugent d'après les bijoux, mais surtout d'après la dot en billets de banque que l'on épingle sur le sari de la fiancée et sur la chemise et le gilet du fiancé. La cérémonie religieuse était identique à celle du mariage hindou du basilic, à la seule différence que le marié, uniquement vêtu de sa culotte sikh, se fait parfumer par ses cousins et cousines qui n'omettent ni ses oreilles, aisselles, nombril, doigts de mains et de pieds, ni tous les endroits que les femmes pendjabis cajolent avec leur nez. Elles les couvrent ensuite de guirlandes d'œillets d'Inde. Cette fleur est par excellence celle du mariage indien, d'abord pour son odeur désagréable qui éloigne les démons, ensuite par sa couleur jaune d'or qui est le symbole de la prospérité...

Ainsi parés, Amrita et Govind se levèrent et contournèrent quatre fois le Livre Sacré. Les hommes de la famille du mari s'approchèrent de la mariée, non pas pour l'embrasser sur les joues, comme chez nous, mais pour toucher, un par un, l'épaule droite d'Amrita, endroit sacré chez les Sikhs. Par ce geste, ils lui témoignaient une affection fraternelle, elle devenait leur sœur.

L'une des invitées, une jeune femme d'une vingtaine d'années, visiblement enceinte, suivie de son mari, dévoila son sein droit qu'elle présenta à Yadavindra. Celui-ci l'effleura de la main, en la complimentant. A peine étais-je revenu de ma surprise qu'elle se tourna vers moi avec un sourire engageant.

– Faites comme moi, Vitold, intervint Yadavindra, mais doucement et de la main droite... elle attend son premier enfant et l'on croit ici que l'attouchement d'un roi ou, tenez-vous bien, d'un Européen éminent, porte bonheur et procurera beaucoup de lait à son futur bébé. Mais attention, ne touchez pas son épaule droite, vous la rabaisseriez et vous risqueriez de gros ennuis de la part de son mari.

Comment devais-je m'y prendre ? Je n'avais pas bien vu l'endroit que Yadavindra avait touché... Peut-être était-ce le ravissant téton qu'elle avait entouré, en prévision de ce rite, de petits points blancs en pâte de riz ? Mon hésitation provoqua chez elle et son mari des sourires indulgents. Je devais avoir l'air malin, avec le doigt pointé à quelques centimètres de son sein... Alors tant pis, j'appuyai sur le bout du sein comme sur le bouton d'une sonnette... Pour masquer ma gêne, je m'adressai aussitôt à Yadavindra :

– Que se passerait-il si vous posiez votre main sur son épaule ?

– Si je me permettais ce geste en public, n'étant pas de la famille, j'aurais contre moi le mari, ses frères et leurs dagues. Mon père, qui avait touché ainsi deux beautés locales, fut obligé de les prendre à sa cour comme favorites, et eut toute la vie leurs familles sur le dos...

Curieuses tout de même ces coutumes du Pendjab : on tâte le sein d'une femme mariée, on porte bonheur... on effleure son épaule, on vous tue !

La cérémonie terminée, je m'éclipsai afin de ne pas distraire par ma présence insolite – j'étais le seul Européen – les très nombreux invités qui désiraient consulter Yadavindra et Raghoubir. Parmi eux se trouvaient des gardiens du Temple d'Or, des hommes et des femmes sikhs habillés de bleu foncé, les dagues glissées dans la ceinture. Ouvertement, ils reprochaient à Yadavindra, Président de la

Chambre des maharajahs, d'avoir signé en 1947 le fameux acte d'incorporation de leurs royaumes dans la République. Nehru, puis sa fille Indira Gandhi, en tant que Premiers ministres, s'étaient empressés d'annuler les traités et de les acculer à la ruine. Bien entendu, je n'assistai à aucune de leurs réunions, mais il me suffisait de voir le visage soucieux de Yadavindra pour comprendre son désarroi. Pour les habitants de six cents anciens royaumes, il était toujours responsable de leur abandon « au clan Nehru »...

« Le plus triste, m'avait-il dit, c'est que le Mahatma Gandhi était opposé à l'annexion des royaumes à la nouvelle République, il préconisait la coexistence comme cela se passe en Europe... J'aurais dû l'écouter au lieu de croire aux États-Unis de l'Inde. »

Ce fut la seule et unique fois où nous avons parlé politique, domaine que j'ai toujours soigneusement évité dans mes conversations avec lui, Raghoubir et les autres maharajahs.

Les deux jours suivants, je passai pratiquement tout mon temps dans le splendide Temple d'or, accompagné uniquement de Velou chargé de mes caméras. Il est difficile de trouver un sanctuaire aussi romantique d'aspect et aussi accueillant, à condition de ne pas y fumer et de ne pas y boire d'alcool. Tout le monde, sans distinction de sexe, de caste, de religion ni de couleur de peau, y est merveilleusement reçu. Les nécessiteux peuvent même y rester trois jours, être nourris sans bourse délier et logés, si dormir sur le marbre ne leur fait pas peur. Il faut ajouter que celui-ci est toujours d'une propreté monastique.

Je flânais autour du bassin, filmais les nombreux pèlerins prenant un bain et photographiais les magnifiques plaques d'or fin qui recouvrent les murs et dont les reliefs figuraient des arbres paradisiaques et des... pigeons. « Le seul oiseau qui ne se laisse jamais détourner de son chemin », disait la devise du prophète Nanak.

A cet instant, je n'aurais jamais imaginé que dix ans plus tard le temple serait dévasté, et que l'eau du bassin deviendrait rouge du sang de ses défenseurs. Ils étaient des centaines, hommes et femmes, à se battre jusqu'à leur dernier souffle contre deux divisions d'infanterie composées, sur l'ordre personnel d'Indira Gandhi, de soldats indiens de confession musulmane, ennemie héréditaire de la religion sikh. Je ne sais pas quel dieu, quel pays, quel astrologue, parmi la douzaine qu'elle consultait quotidiennement, lui conseilla d'envoyer les musulmans à l'assaut de ce sanctuaire. C'était comme si un Premier ministre italien avait demandé à deux divisions soviétiques de s'emparer du Vatican...

Malgré un ciel de plomb et une chaleur étouffante, la population d'Amritsar s'était déplacée en masse pour assister à notre départ, qui dut être retardé. Une tempête de poussière de sable très fin avait soufflé sur la ville pendant la nuit, contraignant nos chauffeurs à désensabler pendant plusieurs heures tous les recoins de nos voitures.

Dans chaque village que nous traversions, nous nous arrêtions juste le temps de recevoir les hommages des notables et des prêtres locaux. Là où les Sikhs étaient en minorité, les maires musulmans interdisaient les rues à leurs coreligionnaires pour éviter les affrontements. Cependant, dans un petit bourg, nous tombâmes presque dans une embuscade. La communauté sikh, en prévision de la visite de Yadavindra, avait décoré son modeste sanctuaire de guirlandes électriques multicolores. Dans la nuit on avait, non seulement cassé les ampoules, mais aussi déversé sur le seuil un tas de mégots... Il faut savoir que la religion sikh interdit catégoriquement l'usage du tabac aux abords des lieux saints...

Les affrontements entre Sikhs et musulmans, autour de ce temple, avaient fait quelques blessés, juste avant notre venue qui envenima plutôt la situation. Tandis que Yadavindra, encadré par ses gardes personnels conduits par de jeunes Sikhs locaux, se frayait un chemin vers le sanctuaire, je filmais la scène, assisté de Velou. Soudain, une grêle de pierres s'abattit sur nous depuis les terrasses des maisons alentour... Les gardes, se tenant par les épaules, inclinèrent leurs turbans au-dessus de la tête de Yadavindra pour le protéger, puis, à l'instar des rugbymen, formèrent une mêlée et reculèrent jusqu'à sa voiture, toujours sous une pluie de projectiles. L'un d'eux me toucha à l'épaule et je tombai. Velou, me faisant un rempart de son corps, reçut sur la poitrine et sur la tête des pierres qui le blessèrent sérieusement. On le transporta inconscient dans la jeep des gardes... Quant à moi, le bras engourdi, j'atteignis ma voiture et regagnai Patiala.

Au cours d'une réunion du Conseil, Yadavindra décida de ne pas donner suite à l'incident, une trop grande publicité risquant d'entraîner une flambée de violence. A part l'omoplate cassée d'un garde du corps, quelques bosses et des vitres brisées, son entourage n'eut pas trop à souffrir de l'incident. Velou, mon sauveur, subit une intervention chirurgicale au crâne, mais on prévoyait qu'il serait sur pied dans une semaine. Yadavindra me promit de l'envoyer chez lui, sur la côte Malabar, par avion. En attendant, Lakshmi m'affirma qu'elle s'occuperait de lui, « comme un membre de ma famille »... On me permit de le voir le lendemain. Pas question de le remercier pour son dévouement, cela ne se faisait pas entre soldats. Il ne voulait même pas en parler avec l'infirmière en chef : « Je n'ai fait que mon devoir », lui disait-il... Velou me remit le cadeau de Lakshmi : une petite boîte en carton renfermant, enveloppés dans une feuille de bananier, un peu de miel solide, un morceau de blanc de noix de coco, et un billet neuf d'une roupie, signé d'un : « o revouar » marqué de vermillon. En Inde, lors d'une séparation, les amis se souhaitent toujours, par une modeste offrande, bonheur et prospérité...

Pour une fois, les prévisions météorologiques des astrologues se révélèrent tout à fait favorables. Nous allions quitter Patiala, comme prévu, au début de la matinée. Le maharajah Yadavindra, venu nous prendre à notre résidence, nous conduisit dans sa Cadillac à sa gare particulière, devant laquelle toute sa cour était rassemblée. La noblesse sikh, les Sardars dans leurs costumes tissés d'or et d'argent, formaient une haie d'honneur de chaque côté d'un imposant tapis. Celui-ci, aux couleurs dynastiques de Raghoubir, pourpre et bleu foncé, était déroulé jusqu'au quai où une locomotive et trois wagons attendaient.

Bien que souffrant, Yadavindra nous accompagnait. Je fus surpris par la solennité de son « au revoir », qui ne ressemblait pas à celui auquel il nous avait accoutumés au cours de nos précédentes visites à Patiala. Son visage émacié contrastait d'ailleurs avec la bonne humeur qu'il afficha jusqu'à la fermeture des portières de nos compartiments, moment qu'il choisit pour me remettre personnellement des cadeaux pour ma famille et moi-même. Après le départ du train, je les ouvris. Il s'agissait de tissus somptueux et de miniatures rares. Alors je compris... Il n'y avait plus d'espoir. Je ne reverrais probablement plus ce géant barbu, généreux et spirituel, que tous respectaient en dépit de sa vie privée quelque peu tumultueuse.

Les deux cent cinquante kilomètres qui nous séparaient de Delhi s'étiraient avec une lenteur désespérante. On accrochait nos wagons, on les décrochait, puis on les raccrochait à chaque jonction, jusqu'à Sardhana où ils furent enfin attelés au train direct pour Delhi... Sardhana, un nom mélodieux qui restera longtemps gravé dans ma mémoire. Au XVIIIe siècle, Sardhana devenait la capitale d'un petit royaume français, grâce à un général alsacien. A la tête d'une centaine de soldats, tous rescapés des Comptoirs français en Inde investis par les Anglais, il s'y réfugia avec sa jeune épouse. Celle-ci, après la mort de son mari, contribua à l'essor de Sardhana pendant soixante ans. De la fenêtre de mon compartiment, j'apercevais la cathédrale qu'elle avait fait construire. J'aurais aimé savoir si sa statue en marbre blanc, grandeur nature, surplombait toujours l'imposant escalier... J'aimais bien ce lieu et je me promettais d'y revenir...

Ce n'est que dans la soirée que nous avons atteint, au sud

de Delhi, une petite gare, spécialement aménagée par les autorités de la République pour accueillir les centaines de milliers de fidèles de Raghoubir déjà sur place. Un double cordon de policiers les tenait à distance des wagons de la reine mère et des maharanis, arrivées la veille, tandis qu'une compagnie de soldats faisait le vide sur le quai, surtout pour empêcher que les fidèles en transes ne se jettent sous les roues de notre train... Celui-ci avançait très lentement et opéra la jonction sans anicroche.

Toute la journée, les haut-parleurs avaient annoncé que Raghoubir « s'offrirait en darshan » à la fenêtre de son compartiment. Pour qu'il n'y ait aucune confusion, Amresh avait fait masquer toutes les autres fenêtres en abaissant les persiennes de fer dont les trains indiens sont pourvus afin de protéger les voyageurs contre les singes...

Quand Raghoubir se montra, la foule se mit à jeter en l'air des pétales de roses et à murmurer : « Ram, Ram, Raghoubir, Ram, Ram... » En observant à travers les fentes des persiennes la forme et les couleurs des turbans et des saris, je constatai que toutes les castes étaient présentes, de la plus modeste à la plus élevée. Raghoubir s'en rendait compte lui aussi, c'est pourquoi il se laissait « manger des yeux » pendant que notre train s'ébranlait doucement. La gare étant fort exiguë, la file des fidèles s'étirait sur plusieurs kilomètres le long des rails. Raghoubir resta longtemps à sa fenêtre même devant les intouchables au garde-à-vous devant leurs huttes enduites en son honneur d'une fraîche couche de bouse de vache...

Le train roulait à sa vitesse normale – environ cent kilomètres à l'heure – mais, en tenant compte des arrêts, nous avions encore dix-huit heures de trajet avant d'être « à la maison »...

Chapitre 14

Les hindous adorent les voyages et surtout les pèlerinages. Chaque fois que je viens à l'improviste chez mes connaissances indiennes, hormis les maharajahs, ils sont toujours sur le point, soit de partir en pèlerinage, soit d'en revenir. Leur activité industrielle ou commerciale n'en souffre pas : qu'ils soient fonctionnaires, commerçants, paysans ou qu'ils exercent une profession libérale, il y a toujours quelqu'un pour les remplacer. Dans le planning annuel de chaque entreprise, il est prévu que la moitié du personnel parte souvent en pèlerinage ou en visite familiale. Dans les usines, les ouvriers non qualifiés ne possèdent pas de carte de travail nominative mais une plaque, un jeton métallique portant uniquement le nom de la compagnie. La seule chose exigée est qu'un membre de leur famille, voire même un ami qui connaisse le travail, muni de cette plaque, pointe à leur place.

Les maharajahs furent pratiquement les premiers au monde à construire dans leurs royaumes des chemins de fer, non pas, comme on l'entend souvent, pour assouvir leurs fantaisies, mais pour permettre à leurs sujets de se rendre dans les lieux saints. Il y a cent cinquante ans déjà, le maharajah de Navanagar envoyait chaque semaine à Bénarès, éloigné de mille cinq cents kilomètres, un train composé de cinquante wagons. A la fin du siècle dernier, tous les royaumes indiens, même les plus petits, possédaient leurs propres lignes ferroviaires. Chaque train comportait cinq classes, chaque wagon, en dehors des W.-C., comprenait une douche et des couchettes, en bois pour les classes populaires et matelassées pour les autres. A part les wagons des maharajahs, il n'y avait pas de wagon-restaurant, les pèlerins modestes emportaient leur propre nourriture et disposaient à chaque arrêt de citernes à eau, certaines déjà réfrigérées à cette époque. Pour les autres voyageurs, une armée de maîtres d'hôtel gantés proposait des thalis ou plateaux ronds garnis de mets correspondant à leur caste et bien sûr à leur bourse.

L'Inde indépendante, en annexant en 1947 les royaumes, nationalisa leurs réseaux ferrés, réduisit les classes à trois et supprima les maîtres d'hôtel et leurs gants blancs. Ces mesures furent certainement opportunes à l'époque; pourtant, en tant que grand utilisateur de ce mode de locomotion, je regrettais ces changements. Jadis les chemins de fer appartenaient à quelqu'un, et ce quelqu'un avec ses employés était responsable de chaque compartiment et de chaque fenêtre. Je rencontrais souvent de vieilles connaissances parmi les contrôleurs, les porteurs et même parmi ces préposés aux toilettes qui, pour un anna, une minuscule pièce de cuivre, vous offraient une serviette propre ou une poudre végétale pour nettoyer vos mains... Ceux qui, comme moi, ont eu la chance de voyager dans la presqu'île du Saurastra en utilisant les réseaux appartenant aux royaumes qui se la partageaient, se souviennent certainement des maîtres d'hôtel qui prenaient les commandes au premier arrêt du train, les télégraphiaient au restaurant de la station suivante où, à votre arrivée, on déposait dans le compartiment votre repas servi sur des assiettes en faïence, accompagné de couverts, souvent en argent, et le tout d'une étincelante propreté. Et qu'on ne croie pas qu'il s'agissait d'une nourriture pour gens riches. Pas du tout. J'appartenais à cette époque à la classe des voyageurs aux moyens « intermédiaires », appelée « inter-class ». Cette catégorie, inscrite sur le billet et les wagons, englobait les missionnaires, les étudiants, les fonctionnaires indiens ou européens à petits revenus, etc. A la station de Porbandar, la ville natale du mahatma Gandhi, connue pour ses artisans fabriquant l'argenterie, le train s'arrêtait une heure. Dans une vitrine du restaurant végétarien, on pouvait voir la fourchette et la cuillère que le jeune Gandhi utilisait lorsque, boursier du maharajah dans une université européenne, il revenait chez son père, grand chambellan à la cour. Gandhi, étudiant, voyageait lui aussi en « inter-class »...

Avant de m'étendre sur ma couchette, je dus déloger un voyageur clandestin trop bruyant, un criquet caché derrière l'interrupteur électrique du compartiment... Le calme revenu, je m'endormis aussitôt, bercé par les trépidations des roues sur les rails.

Le claquement de langue de Velou me réveille... Mes bagages sont déjà prêts, et sur la tablette est préparé le thé du matin accompagné d'une banane et de l'inévitable gratte-langue. Je n'aime pas utiliser moi-même cette lamelle en argent ayant la forme et la taille d'un petit fer à cheval, mais j'en apprécie les bienfaits. Velou s'en charge. La durée de l'intervention dépendra de la vitesse avec laquelle ses doigts gantés captureront ma langue récalcitrante, la gratteront et la débarrasseront de la mince couche blanchâtre qui s'est déposée pendant mon sommeil tropical... Je peux, dès lors, savourer pleinement le goût du fruit et surtout celui du thé au zeste d'orange, ma boisson préférée...

C'est seulement en début d'après-midi que le train atteignit notre bourg. Je n'avais jamais vu autant de monde dans aussi peu d'espace. La raison en était simple. Une semaine auparavant, de mystérieux sages avaient fait aux habitants un récit complet du miracle de Bagiratha et de la guérison de Kamala... Toutes les terrasses des bâtiments bordant les quais étaient occupées par les femmes. Les hommes se serraient sur les perrons, les adolescents s'étaient installés sur les branches basses des arbres après en avoir repoussé les singes jusqu'aux cimes. Particulièrement vénérés, ces singes-langours à face noire étaient très nombreux dans la région. Selon la légende, leurs ancêtres singes, faisant un pont de leurs corps, avaient permis au dieu Rama de sauver sa femme gardée prisonnière dans une île. Pour cet acte héroïque, les hindous les appelèrent singes sacrés de Rama, nom que les savants occidentaux acceptèrent.

En ce qui me concerne, je n'ai qu'une sympathie très modérée pour ces singes qui m'ont mordu sournoisement, plusieurs fois. Apparemment, ils se tenaient tranquilles, non pas pour regarder Raghoubir, mais pour épier ses femmes. Il en était de même pour la foule. Elle était très compacte devant les wagons des maharanis, ce qui obligea les pauvres serviteurs à effectuer des contorsions savantes pour tendre l'inévitable et très long paravent de toile orange, depuis le compartiment des femmes jusqu'au parking des limousines. Ce très ancien système protégeait jadis les ranis et les dames de la cour des regards lubriques des hommes et des animaux... Dans notre cas, son utilité était beaucoup plus prosaïque : les longs voyages altèrent le teint et froissent les vêtements des maharanis et, quel que soit l'endroit, elles se doivent de toujours paraître à leur avantage... Les hommes du service d'ordre maintenaient non sans peine une ouverture dans la foule, pour permettre le passage jusqu'à la limousine d'une chaise à porteurs dans laquelle avait pris place Raghoubir, dont les pieds ne devaient toucher aucune surface souillée avant d'atteindre « sa maison natale »...

La gare est à une heure de voiture du palais de Raghoubir, une énorme bâtisse fortifiée. De toutes les résidences, monastères et palais qu'il possède en Inde, ce château est le plus majestueux, le plus grand et le plus ancien. Il compte environ trois cents pièces, et c'est ce qui lui permit d'échapper à la convoitise des nouveaux maîtres de l'Inde, un peu trop prompts à confisquer tous les biens des maharajahs. La moitié des salles avaient des dimensions de cathédrale, les autres étaient si petites que l'on touchait presque le plafond... « Ce château est bien trop bizarre pour en faire une sous-préfecture, déclara la commission chargée de réquisitionner les biens des maharajahs, d'autant plus qu'aucune route importante ne passe à proximité... » Après son départ dans l'avion royal qui fut également saisi, Raghoubir cessa l'entretien de l'aérodrome et de la route menant à son palais. C'est pourquoi celui-ci est probablement le seul qui soit resté intact sur le territoire indien, parmi les centaines d'autres convertis en hôtels, usines, casernes, dépôts de munitions ou carrières de pierre.

Notre arrivée dans la cour d'honneur évoque tout à fait ces scènes de films américains où l'on voit des milliardaires inspectant leur armée de valets et de femmes de chambre au garde-à-vous. Seulement, ici, les domestiques étaient uniquement des hommes enturbannés qui s'inclinaient profondément devant nous en tenant en laisse des vaches, des chevaux blancs, des biches, des paons et des singes. Les oiseleurs firent de même en déposant devant la famille royale des cages contenant des mainates, pigeons et moineaux bleus. Seuls les cornacs restaient immobiles pour présenter les sept éléphants de la cour au front peint et à la trompe relevée, dont chaque défense était ornée d'une cloche d'argent. Quand Raghoubir esquissa un pas, ils se mirent aussitôt à secouer la tête en faisant tinter les cloches. Ce son qu'ils appréciaient visiblement était également le signal convenu pour les artilleurs stationnés dans le parc, qui tirèrent les vingt et un coups de canon exigés par le protocole, et pour les gardiens de la Grande Porte du palais, qui ouvrirent ses gigantesques vantaux...

J'appréciais cette cérémonie de bienvenue qui accompagnait chaque retour de Raghoubir, mais je supportais mal le vacarme infernal pourtant nécessaire pour réveiller les fées de tous les arbres et les bons génies du palais. La pauvre doctoresse ne savait pas où porter ses regards, tant le spectacle était étonnant. De l'immense façade lézardée par le temps et recouverte d'une folle végétation, avec sa multitude de balcons à loggias ajourés d'où l'épiaient mille yeux de femmes et d'enfants, aux centaines de servantes qui, tout en haut de la terrasse, jetaient sur le cortège des pétales d'œillets et de roses... Au bruit des cloches, des cris d'animaux, des coups de canon, des « Rama, Rama, Rama » monotones psalmodiés par les villageois massés aux abords du parc, son visage inondé de sueur était devenu tout blanc. De crainte qu'elle ne défaille, la rani de Bhari, yogini-gouvernante de Kamala, s'était mise à l'éventer avec une feuille de palmier... Le portail franchi, le tintamarre cessa avec la soudaineté caractéristique des pays tropicaux. Même la chaleur était combattue par la pénombre, et le silence régnait enfin dans le hall. Les hommes prirent la direction des appartements situés dans l'aile droite, les femmes s'engouffrèrent dans le labyrinthe de leurs quartiers dans l'aile gauche.

Je réintégrai mon pied-à-terre au rez-de-chaussée, à l'arrière du palais. Les deux pièces contiguës à la salle d'eau étaient typiquement indiennes, et ne comportaient aucun meuble européen, seulement des matelas et des poufs, posés çà et là sur de magnifiques dhourris, ces tapis en coton qui ont l'avantage, en dehors de leur beauté, de garder la fraîcheur. Velou, arrivé la veille, avait déjà suspendu mes vêtements sur des tringles fixées au mur de la chambre à coucher et accroché ma grande moustiquaire au plafond au-dessus de mon lit à sangles ou sherpoy, juste à côté d'un ventilateur. J'y jetai un coup d'œil stupéfait : le moteur et la moitié des pales avaient disparu sous une masse noire.

– Qu'est-ce que c'est, Velou ?

– Des guêpes, sahib, je l'ai déjà signalé à Swami-l'astrologue, mais il m'a dit qu'il fallait attendre jusqu'à demain. Elles partiront d'elles-mêmes... Vous voulez savoir pourquoi ?

– Mais bien sûr ! Est-ce un secret ?

– Oui... Swami dit qu'elles ne s'en iront qu'après avoir vu le maharajah à la pouja, demain matin...

Il n'était que six heures du soir, mais la présence des guêpes me rendait nerveux. Malgré leur bourdonnement assez discret, je l'admets, je préférai aller me coucher sous la moustiquaire sans manger. J'étais convié le lendemain très tôt par Raghoubir au petit déjeuner précédé de la « pouja de bienvenue », une cérémonie d'une grande importance qu'aucun nouveau venu dans une maison indienne ne doit manquer. Comme d'habitude, à quatre heures tapantes, Velou me réveilla. Cela faisait longtemps que je ne m'étais senti aussi frais et dispos... Les touristes occidentaux croient que c'est uniquement à Bénarès qu'il faut quitter le lit avant l'aube. Eh bien, ils ont tort. Je leur conseille de le faire tous les jours parce que, comme l'écrivait Kipling : « Il n'y a que deux plaisirs enivrants à découvrir facilement dans ce pays, le premier : se lever très, très tôt, et le deuxième, goûter la douceur de l'aurore indienne... »

Je m'approchai de la fenêtre et, sans l'ouvrir, jetai un coup d'œil sur la véranda longeant tout le rez-de-chaussée. Très large, faite en bois de teck, elle était pourvue de stores en lamelles de bambou tamisant la lumière du soleil, et la protégeant de l'humidité la nuit. A cette heure matinale, trois prêtres djaïns attachés à la cour, le nez et la bouche cachés par un carré de tissu blanc, étaient déjà en train de les remonter. Travail pour lequel ils n'étaient pas trop. Tandis que l'un d'eux tirait le cordon de la poulie, un autre la graissait d'huile de coco pour éviter tout grincement qui pourrait déranger le sommeil de Raghoubir. Le troisième, le plus âgé, écartait une à une les lamelles et en délogeait sans les blesser les insectes et papillons de nuit, encore endormis... Il est essentiel pour les gens de l'Ouest indien que la journée commence dans le bien-être et non pas dans la souffrance des êtres vivants, si petits soient-ils...

Ce matin particulier, je devais, comme tous les résidents du palais, laisser les fenêtres fermées. Pourquoi? Pour ne pas respirer les arômes matinaux avant que le maharajah « ouvre la journée en abreuvant son nez et ses yeux de sa fraîcheur... » Cette cérémonie n'a pas changé depuis huit siècles, depuis que Kalidas, le jardinier-poète, en a fixé le déroulement... Raghoubir me dit un jour : « Vous occupez sa chambre... » C'est peut-être vrai, car le rez-de-chaussée du palais et sa partie souterraine datent de son époque.

Le ciel, légèrement couvert, laissait filtrer une douce lumière qui changeait le vert-jaune de la flore tropicale enveloppant le palais en vert émeraude. Cet écran gorgé de rosée était étoilé de fleurs de jasmin et d'oranger, et attirait de minuscules oiseaux comparables à des libellules, tant leur silhouette est filigranée et leur vol transparent. Les oiseleurs de la cour ne les avaient pas éloignés, car ces colibris indiens, ou shakar-khoras – oiseaux du soleil –, ont seuls le droit de humer le parfum de ces fleurs avant le maharajah, pourtant « Grand Maître des Arômes »...

Mais, pensai-je, nous n'étions pas dans la période de floraison de ces plantes et je ne me souvenais pas avoir vu, la veille, autant d'arbustes autour du palais ! C'était donc cela la surprise du maha-mali, le maître jardinier. Pendant la nuit, il les avait sortis des serres et les avait plantés.

J'aperçus au loin les tchokidars ou gardiens de nuit qui s'étaient transformés en épouvantails à corneilles, balayant l'air autour des grands arbres avec des gaules à plumes de paon. Au pied de ceux-ci, sur des couvertures multicolores, de jeunes paysannes jouaient avec leurs bébés assis sur leurs genoux, uniquement des fils. L'une d'elles était déjà en train de nourrir son enfant au sein. Dans la hiérarchie hindoue des êtres porte-bonheur, les mères de garçons viennent tout de suite après les animaux blancs.

Il faisait plus clair maintenant. Un remue-ménage à l'intérieur de la véranda me fit entrevoir des serviteurs qui posaient à même le plancher contre la balustrade des cadres précieux représentant les portraits des ancêtres que le maharajah aimait particulièrement. Après une longue absence, la première journée dans la maison des ancêtres doit toujours commencer en honorant leur souvenir...

On frappa à la porte. Ram-Gopal apparut, suivi de Kalpana et de la doctoresse. Celle-ci me demanda d'une petite voix : « Ça va ? » puis se tut. Ram-Gopal l'avait informée que, ce matin, personne ne devait prononcer, même en français, le mot « bonjour » avant le maharajah.

– Que se passe-t-il, si le roi décide de ne pas le faire? demande-t-elle malicieusement.

– C'est déjà arrivé, alors tout le monde s'en va et attend le lendemain... mais n'ayez crainte, vous le verrez, et de tout près...

Puisqu'il nous restait un peu de temps avant l'apparition du maharajah, je décidai de la mettre au courant de l'étiquette du petit déjeuner :

– Regardez ces domestiques qui dressent la table sur la véranda, une pince à linge sur le nez... C'est mon idée. Savez-vous qu'auparavant, pour ne pas respirer les senteurs de l'aube avant le maharajah, ils se bouchaient le nez avec du coton... Ce n'était pas très esthétique... »

Elle s'étrangla presque de rire. Pour la calmer, je lui annonçai que nous allions déjeuner à la française... Un homme, dans la force de l'âge, une pince à linge verte sur le nez, disposait déjà sur la table des assiettes en porcelaine de Limoges.

– Ce service, marqué à l'écusson du père de Raghoubir, fis-je, lui a été offert par Clemenceau lors de sa visite aux Indes en 1921. Le plus extraordinaire est qu'il est toujours complet grâce à ce maître d'hôtel exemplaire, fidèle parmi les fidèles, le seul qui soit autorisé à les laver, les essuyer et les ranger. Il en est de même pour l'argenterie. Quand nous aurons terminé, il vérifiera le nombre de couverts, habitude qu'il a prise en accompagnant le maharajah en Europe.

– C'est tout de même impressionnant de déjeuner au même endroit que Clemenceau.

– Certainement, bien qu'il n'ait pas habité dans ce palais, mais dans la résidence des hôtes de marque... Il connaissait les écrits de Kalidas, le jardinier-poète dont je vous ai parlé ; tous ses ouvrages ont été traduits et publiés en France au siècle dernier et ont eu beaucoup de succès... Le prince Amresh les connaît par cœur. Il n'est pas là car il est en train d'organiser le durbar, une sorte d'audience familiale qui aura lieu après le petit déjeuner...

– A Delhi et Hari-Dwar, dans des hôtels pourtant

modestes, j'étais déjà surprise de voir beaucoup de domestiques, mais ici cela dépasse toute imagination.

– La raison en est très simple. En Inde, dans la même maison, chaque domestique est assigné à une seule et unique tâche. Souvent, un autre serviteur d'une caste inférieure sera à sa disposition. C'est l'Inde. Il n'y a dans ce pays aucune caste, si modeste soit-elle, qui n'ait à son service une sous-caste, encore plus modeste. Les Intouchables des villes ont sous leurs ordres les Intouchables des campagnes...

– Combien y a-t-il donc de castes en Inde, et que veut dire, au juste, caste?

Il fallut lui expliquer que les conquérants aryens, venus du nord il y a plus de trois mille ans, divisèrent les populations du Continent indien en quelques groupes, probablement selon la pigmentation de leur peau. Avec le temps, ceux-ci se subdivisèrent en une centaine de djoti, terme sanscrit qui peut correspondre au nom latin « castus » ou pur, utilisé par les compagnons d'Alexandre le Grand, par opposition aux peuplades vivant dans les forêts, les impurs, les hors-caste. Quoique officiellement supprimée, cette division en castes existe toujours et prend même de plus en plus d'importance. Pour appuyer mes dires, je lui racontai cette anecdote :

« L'année dernière, Kamala dut garder la chambre pendant plusieurs semaines. Raghoubir, pour la distraire, avait commandé un petit ordinateur japonais avec écran, clavier et imprimante pour qu'elle puisse jouer, dessiner et apprendre ses leçons. Le jour de la livraison se présentèrent devant le palais cinq voitures différentes dont une munie d'une échelle de pompiers. J'étais auprès de Ram-Gopal qui devait indiquer à chacun des techniciens, suivant leur caste, le chemin approprié pour se rendre chez la princesse.

– Pourquoi cinq voitures? demandai-je, curieux, au responsable.

– Parce que nous appartenons à cinq djoti différentes : les vendeurs d'ordinateurs, les installateurs, les régleurs, les réparateurs et les transporteurs. N'ayez crainte, dit-il, nous ne franchirons pas les endroits tabous.

A l'aide de l'échelle de pompiers ils entrèrent, par la fenêtre, directement dans la chambre de Kamala, et y installèrent les appareils. Malgré cela, Kamala attendit que les brahmanes dépolluent son cadeau ! » Détail piquant, j'ai appris que chaque caste a son saint. La caste électronique a choisi Ganesh, le dieu éléphant, protecteur des commerçants et aussi des monte-en-l'air.

– Comment les appelle-t-on ? fit-elle.

– Les ti-vi-vallah, les préposés à la télévision. Le mot vallah devient vite familier aux visiteurs occidentaux. Par exemple : taxi-vallah, c'est le chauffeur de taxi, bottli-vallah, le préposé aux bouteilles ou au cellier. Je vous donne encore le nom de deux très importants préposés auxquels je m'adresse quand je suis fatigué : le kan-vallah, c'est celui qui nettoie les oreilles et perce les tympans, et le poutali-vallah, celui qui vous sort de l'orbite le poutali ou l'œil, pour le nettoyer et le huiler. Si vous voulez essayer.

– Non, pas pour l'instant, mais en tant que médecin cela m'intéresse.

– Il faut que je vous parle maintenant des toasts que nous allons manger tout à l'heure. On les appelle tostee et l'homme qui les prépare tostee-vallah. Notre tostee-vallah, c'est Babou. Une fois la tranche de pain de mie grillée, il la tartine de beurre clarifié et d'une couche de fromage blanc fait du lait cru de vaches blanches, ce que j'aime le plus, ou encore avec du miel et de la confiture de mangues. Babou commença sa carrière en apprenant tout d'abord à faire les chapatis, crêpes ordinaires, puis leur version plus raffinée, les pouris, crêpes soufflées, rondes comme de tout petits ballons. Chez le maharajah, une institutrice anglaise lui a montré comment griller et préparer les toasts. Ce fut la chance de sa vie, il est devenu « moderne » et à présent, quand on lui demande sa profession, il ne dit plus tchapati-vallah, mais pouka-tostee-vallah, maître des toasts... C'est à ce titre que Babou accompagne le maharajah dans tous ses déplacements en Inde et à l'étranger... Je vais vous raconter une histoire qui a eu lieu à Paris en 1970 : « Le maharajah et son ami

Yadavindra de Patiala représentaient à cette époque l'Inde à l'Unesco. Un matin, ils reçoivent un télégramme les priant d'assister d'urgence à une session des Nations unies, qui siégeait le même jour à New York. Puisqu'il n'y avait que trois places disponibles dans l'avion qui leur permettait d'arriver à temps, ils ne pouvaient emmener que l'épouse de l'un ou de l'autre. Sans hésitation, ils décidèrent de prendre Babou. Les maharanis étaient furieuses, non pas, comme je le crus, parce qu'un domestique leur avait été préféré, mais parce que, sans Babou, elles allaient être privées pendant plusieurs jours de... toasts. » Maintenant, essayez de deviner la profession de l'homme au turban kaki qui installe un petit brasero, au charbon de bois, au pied de la véranda, à même la terre battue.

– Un clown qui va nous griller des marrons?

– C'est vrai qu'il fait froid ce matin et qu'il a l'air d'un clown avec sa pince à linge rouge sur le nez, mais ce n'est pas cela.

– Il va avaler les braises à la gloire du maharajah?

– Vous n'y êtes toujours pas. Je peux vous dire que c'est un grand artiste et qu'il est même mon lointain cousin.

– Bien que je prenne au sérieux tout ce que vous me dites... croire cela est un peu fort...

– Je le connais depuis des années et il m'appelle sahib Vithal comme tous les autres vieux domestiques qui ne savent ni lire, ni écrire. Or Vithal et Mohan sont des appellations de Vishnou. Dans son esprit, ayant tous deux les prénoms de ce grand dieu, nous appartenions donc à la même famille. Cela ne me gênait nullement, bien au contraire...

– Mais alors qu'est-ce qu'il fait, votre cousin? Vous m'en parlez depuis une heure, le maharajah va arriver et je ne sais toujours pas!

– Le titre de Mohan à la cour est : « Fleuriste en serviettes de table », comme l'avaient été son père et tous ses ancêtres « depuis le début du Monde », me disait-il fièrement... Si Alexandre le Grand utilisait des serviettes de table quand il s'arrêtait au pied des Himalayas, c'était sans nul doute un des aïeux de Mohan qui les lui pliait...

Je fus conquis par cet homme passionné par son art, il y a bien de cela une trentaine d'années, lorsque je fus reçu pour la première fois à déjeuner au palais de Raghoubir. Au centre de mon thali en argent se trouvait un superbe lotus blanc. Je m'étais dit : Certainement encore une de ces manifiques fleurs artificielles en tissu, faite par les Japonais. Pour faciliter le service, je voulus la déplacer mais en la touchant, la fleur s'anima, ses pétales s'abaissèrent lentement et je n'eus plus dans la main qu'un carré de coton fin que je fixais ébahi. C'était de la magie pure... Je me souviens même avoir jeté un coup d'œil par terre, croyant y avoir laissé tomber mon lotus. Aux repas suivants, je trouvai devant moi soit une rose, soit un œillet d'Inde, ou même une bougainvillée.

Pour l'heure, Mohan tenait dans sa main gauche un fer à repasser ayant la forme d'un gros crayon, à l'intérieur duquel il fourrait avec une pincette de toutes petites braises. Après quoi, à l'aide d'une mince tige de bambou qu'il serrait avec ses dents, il immobilisait le centre d'un carré de tissu blanc et, de la main droite, bombait les quatre coins en pétales qu'il repassait au fer de façon à former un calice. Il fronçait ensuite le centre de la serviette en un pistil qu'il figeait à chaud... La serviette était devenue un lys. Le maître d'hôtel, avec d'infinies précautions, le glissa sur une palette d'argent et le déposa sur l'assiette de Raghoubir. Puis Mohan en fit deux autres pour la doctoresse et moi-même, car nous étions les seuls invités.

Le plancher de la véranda était entièrement recouvert de dessins exécutés par les jeunes filles de la cour, amies de Kamala. Ces jolies fleurs stylisées, appelées rangolis ou ornements porte-bonheur, étaient fragiles et affriolantes... Déjà des oiseaux en picoraient les contours faits de pâte de riz colorée et de bonbons pilés. En Inde, la présence des oiseaux est la garantie d'une belle et active journée.

– Je commence à croire ce que vous m'avez dit au moment de l'accident de Kamala, que les populations dans les anciens États princiers sont totalement différentes de celles des grandes villes. Je les observais hier dans les gares au cours des nombreux arrêts de notre train. Les gens sont plus décontractés, en tout cas nettement mieux nourris et mieux habillés. J'espère bien que vous vous trompez en affirmant que leur manière de vivre, leur « petite prospérité » sont en train de disparaître à jamais...

Tout à coup la conque résonna du fond du palais, annonçant que le maharajah venait de terminer ses ablutions matinales : le maître des portes, qui le guettait à travers les battants entrouverts, nous fit signe de venir dans le couloir. Les quatre astrologues se placèrent de chaque côté de la porte, livrant passage à l'ayourveda, le médecin traditionnel du maharajah ; il le précédait en tenant toujours à la main une coupelle dans laquelle se consumait une racine de citronnelle indienne répandant une fumée grise, assez agréable, qui repousse tous les insectes volants du petit matin.

– Mais qui éloigne ceux qui vivent dans la poussière du sol ? me chuchote la doctoresse.

– Le maharajah lui-même, grâce aux grelots en argent ciselé qui ornent les bouts recourbés de ses souliers... Le voici justement.

Raghoubir portait un ensemble ample en cotonnade grège, liseré de lamé or, et un aérien turban rose faisait ressortir sur son front l'emblème de Vishnou, deux traits verticaux blancs enserrant un point rouge. Toutes les personnes présentes s'inclinèrent... Accompagné du tintement à peine audible de ses souliers, il traversa le couloir menant vers la véranda, suivi par deux valets, l'un portant un chasse-mouches en plumes de paon, l'autre, un vase d'aisances étincelant. Le dwara-pallah ouvrit la porte et le maharajah s'immobilisa sur le seuil. C'est alors qu'un bruit « caractéristique » se fit entendre. Le valet, placé dans l'auguste courant d'air, l'emprisonna dans un vase et courut lui rendre sa liberté au bout du couloir, par une ouverture particulière, une sorte de sas, garnie de guirlandes de patchouli indien, dont l'arôme absorbe toute odeur « de trop ».

Raghoubir inspira plusieurs fois profondément et presque dévotement l'air frais, promena son regard sur les portraits des ancêtres, sur le paysage, les oiseaux, les jeunes paysannes et leurs bébés, puis récita de sa belle voix la prière sanscrite : Bhoma-kshamani, celle avec laquelle des millions d'hindous commencent chaque journée : « Chère terre, veuille m'excuser de boire avec mes yeux ta beauté, de te priver avec mon nez de tes sublimes arômes... »

L'air recueilli, Ram-Gopal et Kalpana nous firent signe de les suivre. La doctoresse, au septième ciel, chuchota :

– Quel pays extraordinaire ! Il est magnifique notre maharajah !...

Elle employait pour la première fois le possessif. Je constatais chez elle, depuis son arrivée au palais, un changement total. Il y eut bien sûr le voyage en chemin de fer dans le confort climatisé et parfumé du wagon spécial de la reine mère, avec Kamala presque guérie, heureuse d'avoir une compagne européenne. Puis la traversée du Rajasthan avec ses populations avenantes et colorées. Quoi qu'il en fût, quand je lui en fis compliment, elle sourit longuement avant de me répondre :

– C'est vrai que j'ai changé. Le véritable enchantement commença à la vue de cet extraordinaire palais au milieu de la vallée, et je n'arrive toujours pas à croire que j'y habite. Dans le monastère au bord du Gange, j'avais un peu peur, ici je suis heureuse. Même la flatulence de Raghoubir m'a paru pleine de dignité. N'est-ce pas la preuve que les femmes sont versatiles ?

Raghoubir prit place à table et regarda attentivement les rangolis sur le plancher, puis nous pria de venir. Avant de nous asseoir, nous fîmes avec le sourire le namaskar en joignant les mains, la plus ancienne façon indienne de présenter ses respects ou de souhaiter la bienvenue. Raghoubir hocha la tête de gauche à droite pour dire bonjour. Les valets s'empressèrent de placer ma chaise à droite du maharajah, celle de la doctoresse à sa gauche, et le thé au lait avec des toasts au fromage nous fut servi.

Un dossia-vallah préparait sur une table roulante munie d'un réchaud à alcool les dossia, de larges crêpes légèrement aigres, à la farine de riz et de lentilles, fourrées de chou-fleur frit au coriandre, sorte de persil indien. Le maharajah appréciait beaucoup ce plat au petit déjeuner et son vallah prodiguait toute sa science pour réaliser des dossia parfaites, c'est-à-dire croustillantes et ayant la minceur d'une feuille de papier.

La coutume exigeait de manger et de boire en silence pour apprécier non seulement la présence du maharajah mais aussi la nature environnante. Après les salades de fruits, on apporta des glaces aux anones, ce qui m'étonna beaucoup, car Raghoubir ne raffole pas de ce fruit qui est en revanche mon préféré. Puisqu'il supervise la composition de chaque menu, c'était donc une attention amicale à mon égard. L'anone, grosse comme une pomme, a une peau lisse et verte formée d'écailles souples et contient des graines noires, de la taille d'une amande, enrobées d'une chair de couleur blanchâtre ayant la consistance et le goût du yaourt, d'où son nom populaire : pomme yaourt. Pour prélever la pulpe et ne pas polluer le « yaourt », seul mangeable, le cuisinier se sert de gants de coton blanc, d'une pince et bien sûr d'une cuillère. L'anone mélangée à la glace vanille est un délice à la saveur rare. Raghoubir mangeait lentement, ce qui nous permit de déguster ce dessert. S'il l'avait terminé avant nous, l'usage nous eût commandé de quitter la table en même temps que lui, quitte à rester sur notre faim.

Après avoir rincé nos doigts dans des coupelles d'eau tiède, parfumée aux pétales de roses, nous nous sommes essuyé les mains avec des fleurs de flamboyant que Mohan avait confectionnées entre-temps. Le parfum de l'anone m'avait rappelé que le maharajah avait pour marotte le captage des arômes des plantes et des arbres. Comme s'il m'avait deviné, il me demanda :

– Avez-vous assez de film pour tourner une séquence sur le basilic ? Sans attendre ma réponse, il poursuivit : J'ai réussi à fixer les senteurs d'une seule espèce pour le moment, l'acimum sanctae, celle précisément décrite par Jacquemont. Je vais vous la montrer tout de suite, venez, c'est l'heure de leur donner à boire...

– Miss Davier peut-elle nous accompagner?

– Pas de problème!

C'était son expression favorite. Pour lui, il n'y avait jamais de problème. Il donna un ordre, les jardiniers s'éparpillèrent comme si une grenade allait exploser et, quelques instants après, revinrent avec à leur tête le maha-mali, le maître jardinier et une trentaine de pots de basilic qu'ils alignèrent devant la véranda comme pour un défilé. Le maharajah les regarda, inspecta les feuilles, les branches, contrôla la quantité d'eau nécessaire à chaque plante, ainsi que les ingrédients. Ceux-ci sont si secrets que le maha-mali ne s'en sépare jamais, il les porte sur lui dans une boîte. Miss Davier ne parvenait pas à cacher sa déception devant ces plantes d'aspect très quelconque. Je me tournai vers Raghoubir.

– J'aimerais consulter l'ouvrage de Jacquemont pour quelques heures?

– Pas de problème... Puis s'adressant à la doctoresse : Si cela vous intéresse de suivre ma réunion familiale, allez au premier étage, Ram-Gopal et Kalpana vous y conduiront...

Comme à son habitude, il parlait assez fort, et ceux-ci l'avaient déjà entendu.

Les loggias en pierre du premier étage étant ajourées, nous pûmes voir la longue procession des familiers de Raghoubir à leur insu, évitant qu'ils ne fussent distraits par notre présence. Bien que l'heure fût matinale, c'était la fête. Ils s'étaient tous parés de la tête aux pieds pour la circonstance, s'étaient fardé les yeux, orné le nez et le front de bijoux. Y a-t-il une seule région au monde, où, comme dans le Rajasthan et le Goudjerat, son voisin, on puisse exposer une palette de parures aussi somptueuses et des formes aussi gracieuses?...

– Je ne sais pas, mademoiselle, si vous aimez ce genre de fêtes, mais reconnaissez que ces femmes vêtues de jupes aux cent plis multicolores, et ces hommes aux chemisettes à franges coiffés d'éclatants turbans à aigrettes sont éblouissants. Je vais vous paraître égoïste et candide à la fois, mais à les voir si beaux, si insouciants, j'adresse mentalement une petite prière au Très-Haut pour qu'il préserve ce pays du modernisme.

La doctoresse était subjuguée par ces femmes du peuple, grandes, à la taille fine, et dont la démarche sensuelle faisait virevolter comme des papillons leurs longues jupes plissées décorées de broderies miroitantes qui portent un nom un peu barbare : gargara. Le buste est protégé par le tcholi ou brassière, qui couvre à peine les seins et permet à la mère de nourrir rapidement son bébé. Ces tcholis doivent être chatoyants, pour mieux ressortir dans la nature du Rajasthan, souvent terne et sans verdure. Les paysannes sont toujours bien habillées quand elles sortent pour travailler. Le châle ou odni en tissu très fin est couleur vermillon comme la gargara, couleur que l'on extrait de la racine de la garance indienne ou du santal rouge et dans laquelle le teinturier ajoute souvent de la poudre d'or ou d'argent.

C'est alors qu'une Indienne assez potelée, serrée de près par un garçon et une fillette d'une dizaine d'années, s'arrêta devant le maharajah. Kalpana s'exclama en fixant Ram-Gopal : « Comme ils sont beaux vos enfants ! »

Ram-Gopal, visiblement surpris de les voir, balbutia quelques mots d'excuse et partit à leur rencontre. La doctoresse s'étonna :

– Vous disiez qu'il était célibataire, et pourtant vous le connaissez depuis longtemps.

– Je le soupçonnais d'être marié, mais comme il n'en parlait jamais... Le mot « ami » n'a pas le même sens ni les mêmes implications pour un Occidental que pour un Oriental. Ram-Gopal avait fait ses études dans un des meilleurs collèges anglais, avait beaucoup voyagé avec le maharajah, aux États-Unis et en Europe. Quand ils vinrent chez moi en Normandie, il joua avec mes enfants, sans jamais faire allusion aux siens. A l'exception de quelques femmes et hommes qui vivent et pensent comme nous, tous les hindous « occidentalisés », c'est-à-dire ceux qui rient de nos plaisanteries, qui écoutent notre musique, lisent nos livres et voient nos films, obéissent et obéiront toujours à Manou le Législateur. Il a déclaré, il y a deux mille ans, que le but de l'hindou est de vivre dans sa caste, de manger la nourriture de sa caste, et surtout de trouver la femme qui lui donnera des enfants clairs de peau... Pouvez-vous imaginer, mademoiselle Davier, qu'en Inde, des centaines de millions d'hommes et de femmes sont convaincus que plus la peau est sombre, plus l'âme est indigne d'aller au paradis ?

– C'est difficile à croire... Les maharajahs cachent-ils eux aussi leur nombreuse famille ?

– Bien au contraire, elle est leur principale attraction... mais on ne peut être l'ami d'un maharajah, a fortiori d'un dieu vivant. Vous vivez à la cour depuis quelques jours, vous avez bien vu les manières amicales, certes, mais néanmoins distantes, de Raghoubir à mon égard, bien qu'il me connaisse et m'apprécie depuis des années. C'est normal, j'agis de même avec son cousin, le prince Amresh, son maître de cérémonie : nous plaisantons quand nous nous rencontrons, nous échangeons nos souvenirs sur la bataille du Monte Cassino, mais je ne me permettrais jamais un mot sur l'existence de son épouse. Cependant nul n'ignore ici qu'il a été marié à une Italienne, dont il est depuis séparé, et que la seule Italienne dont il parle quelquefois est la femme de Rajiv Gandhi... Je le répète, dans un mariage entre un hindou et une Européenne, l'important c'est d'avoir des enfants très clairs de peau...

Chapitre 15

Dans le couloir devant ma chambre, un bonhomme attend assis en tailleur, il tient un paquet emmailloté dans un tissu de couleur jaune. C'est la manière respectueuse de transporter des livres; l'ouvrage est en effet très précieux. L'auteur, Victor Jacquemont, fut, il y a cent cinquante ans, un brillant botaniste chargé de mission par le Jardin des Plantes de Paris. Cette mission dura quatre années et se termina tristement : il mourut emporté par les fièvres à Bombay en 1832, à l'âge de trente ans. Deux ans auparavant, Jacquemont fit sensation chez l'un des ancêtres de Raghoubir en arrivant devant ce palais avec trois éléphants transportant une centaine de boîtes, toutes cadenassées, qui contenaient des herbes aromatiques séchées, notamment plusieurs variétés de basilic indien ou toulasi. Il fut le premier à l'étudier sérieusement.

Raghoubir en cultivait une vingtaine d'espèces dans son grand jardin devenu une véritable usine de substances odorantes. Il était convaincu que le basilic exhale des arômes différents selon qu'on l'entoure d'attentions ou qu'on le maltraite... Par exemple, si on le déterre délicatement le soir avant qu'il ne s'endorme, il exhale une senteur exquise. Si, en revanche, on l'arrache brutalement ou si on lui tord une branche, il dégage une odeur très désagréable et sa sève devient un poison. « D'après nos Écritures, me disait-il, c'est pour garder secrets ses pouvoirs que le Créateur du Monde dota le basilic d'une taille modeste et d'une couleur pâle, et le fit pousser partout, même dans les sols les plus pauvres. »

– Vous aimez beaucoup le basilic, sire, constata la doctoresse.

Aussi curieux que cela puisse paraître, c'était la première phrase qu'elle osait adresser au maharajah depuis trois semaines qu'elle était au palais. Elle fut très surprise quand il lui répondit directement sans le concours de la reine mère, d'Amresh ou de moi-même.

– C'est normal, medmozel, c'est la plante sacrée de ma famille.

Il lui cita les noms latins de chaque espèce. Remarquant l'intérêt de Claire, dont les connaissances en latin l'étonnaient, il lui montra parmi les dizaines de pots alignés devant lui le basilic sacré, « l'acimum sanctum vishnae ». En regagnant le palais, je lui racontai tout ce que je savais sur le basilic, sur la conviction des Indiennes qu'il a le pouvoir de les écouter et de les consoler. On dit même que, les soirs de pleine lune, toute femme négligée par son mari, pleurant devant cette plante, voit les feuilles se couvrir de petites gouttes très odoriférantes. Recueillie et déposée sur les tempes et la poitrine de l'époux, cette rosée régénère immédiatement son désir... L'enfant conçu cette nuit-là sera le plus heureux du monde...

La doctoresse, toute songeuse, alla se changer dans ses quartiers, situés au premier étage près de l'appartement de Kamala. Elle avait émis depuis longtemps le souhait de goûter aux repas préparés par Velou; aussi étions-nous convenus de déjeuner sur la véranda. Lorsqu'elle revint, nous bavardâmes en attendant l'heure : elle m'assaillait de questions concernant, comme de bien entendu, la personne de Raghoubir. Je ne pensais pas qu'elle fût déjà tombée amoureuse de lui, mais j'étais sûr qu'il la fascinait par son attitude empreinte de politesse distante, provoquée, pensait-elle, par l'apparence « hippie » qu'elle affichait. Mais ce qui l'impressionnait le plus, c'était son mariage avec la plante, bien qu'elle n'osât encore m'en parler. Aussi bornait-elle ses questions au seul domaine de la botanique dans lequel le maharajah excellait... Je lui décrivis les séjours parisiens de Raghoubir. Son obstination à chercher des documents traitant du basilic chez les bouquinistes du quartier Latin était telle qu'il prenait même le risque de se souiller au contact d'ouvrages que tout le monde manipulait. Lorsqu'on s'étonnait de le voir toujours ganté, j'expliquais : « Mon ami est allergique à l'encre des ouvrages anciens... » Son valet de chambre, qui le suivait comme son ombre, emportait toujours une douzaine de paires de gants.

– Se promenait-il habillé en maharajah ?

– Jamais, il voyageait incognito. Dès son premier séjour en France, nous avions choisi comme profession d'emprunt celle de chirurgien, qui lui allait comme un... gant *. Les gens, impressionnés par sa stature, son visage et sa voix toujours mesurée, pensaient immanquablement : Ce doit être un grand patron... Raghoubir comprenait cette expression, mais ne fit jamais de commentaire.

Sa première idée fut de publier à Paris un livre sur « la vie intime du basilic indien ». Ce projet lui tenait à cœur, non seulement à cause de la dignité de « Seigneur des Parfums », dont il avait hérité, en même temps que des vingt-six autres titres, mais aussi en raison de son voyage au Japon. Il y fut reçu par un autre descendant du Soleil, l'empereur Hirohito, et manifesta beaucoup d'intérêt pour ses travaux et ouvrages concernant la vie sentimentale des plantes marines... D'autre part, en tant que dernier descendant de Vishnou et chef spirituel de centaines de millions d'hindous vishnouites, Raghoubir voulait laisser au monde, à défaut d'un héritier, une œuvre témoignant de la grandeur de son ancêtre... Son projet fut abandonné quand il s'aperçut que les éditeurs que nous avions contactés ne manifestaient pas un enthousiasme débordant pour le double culte

---

* Lire *L'Inde impudique des maharajahs.*

du dieu et du basilic, qui constitue pourtant la base même de la famille hindoue.

Un Occidental passant devant cette plante d'aspect anodin ne peut réaliser qu'il frôle une création « extraterrestre ». Voici en effet la très célèbre histoire que content les Écritures hindoues :

« Le jour de son mariage, une jeune et belle paysanne du nom de Maya décide de se rendre dans le temple du Créateur du Monde Brahma, pour lui demander sa bénédiction. Pour l'impressionner favorablement, elle revêt un sari neuf et frotte ses seins avec des feuilles de basilic. Le Créateur retrouve dans les traits de cette jeune femme la fée qu'il avait punie pour sa frivolité en la transformant en paysanne. Cependant il n'en dit rien, la croyant assagie, et lui souhaite beaucoup de bonheur. Sur le chemin du retour, Maya croise le fils du Créateur, Vishnou. Celui-ci, envoûté par l'arôme du toulasi, la suit et assiste à la cérémonie de son mariage avec un jeune agriculteur. La nuit venue, il prend l'apparence de l'époux et abuse d'elle... La jeune femme, constatant que son mari ne transpire pas des sourcils, reconnaît en lui Vishnou, mais se tait... Pourtant, le lendemain, de retour au temple, elle raconte au Créateur sa découverte et lui demande de réparer sa virginité. Il l'exauce, la somme de rentrer chez ses parents et de se faire nonne. Mais Maya ne l'écoute pas et rejoint son agriculteur de mari. Apprenant qu'elle avait désobéi, le Créateur la convoque et s'écrie : " Tu n'as pas respecté la loi sacrée de ma religion ! Toute femme prise par un mâle, qu'il soit dieu ou homme, doit à jamais rester son épouse ! " Et dans sa fureur, il la change en basilic et la condamne à vivre auprès de Vishnou... son véritable époux, désormais insensible à ses charmes car métamorphosé en coquillage... »

– J'aime bien cette légende, dit la doctoresse, mais comment est-elle devenue un dogme de l'hindouisme ?

– Vous le comprendriez facilement si vous acceptiez la mentalité indienne selon laquelle un dieu n'est pas forcément toute bonté et droiture, comme chez vous, mais se présente souvent comme un arnaqueur, un tricheur ou même un violeur... Ce dernier crime étant excusable en Inde quand il est commis par un dieu ou un roi...

Cette légende faisant loi est pourtant ignorée des journalistes et des voyageurs occidentaux obnubilés par les coutumes musulmanes. C'est pourquoi je continue à la signaler dans tous mes ouvrages sur l'Inde. L'union de Vishnou et de Maya le basilic n'en explique pas moins la condition si injuste de la femme hindoue qui paradoxalement aime garder près d'elle l'emblème du coquillage-spirale. Même le maharani Daya se pare de ce mollusque stratifié monté en pendentif.

– Si comme vous le dites le maharajah Raghoubir est nanti de pouvoirs extraordinaires, qu'est-ce qui l'empêche d'avoir des enfants ? C'est bien joli de faire porter à ses épouses des talismans de fidélité, mais en réalité à qui en incombe la faute ?

– Certainement pas à Raghoubir, car Jenny, sa femme américaine, était enceinte quand elle mourut prématurément. Quant à Daya, elle est malheureusement stérile. Pour prendre une nouvelle épouse, Raghoubir attend maintenant un « signe du ciel » envoyé par ses ancêtres...

– Pourquoi n'adopte-t-il pas un orphelin ?

– Il y a pensé. Deux garçons, appartenant à une lointaine famille de sa première femme, sont actuellement élevés dans un de ses palais. L'un d'eux héritera de ses biens, si le Gouvernement ne les confisque pas entre-temps. Le choix de Raghoubir ne sera de toute façon pas facile.

– J'en sais quelque chose depuis une semaine, fait-elle, car j'ai décidé d'adopter un enfant indien.

Je la regarde surpris et reste silencieux. Alors, en s'excusant de n'en avoir pas parlé, elle me donna ses raisons : l'homme qu'elle aimait, également médecin, s'était tué en voiture la veille de leur mariage, il y avait de cela un an. Elle pensait pouvoir oublier cette tragédie, mais en vain, jusqu'au jour où son amie institutrice, celle dont j'avais fait la connaissance à Hari-dwar le mois dernier, lui demanda de l'accompagner en Inde. L'accident de Kamala survint et c'est en soignant en même temps la princesse et les orphelines de l'institution de la reine mère qu'elle pensa à l'adoption.

– Vous lui avez donc parlé de votre projet?

– Oui. Au début, elle m'a regardée avec bienveillance, mais quand je lui ai annoncé que mes parents seraient heureux de m'aider à élever le bébé à Bordeaux, elle m'a aussitôt conseillé de vous voir. Elle pense certainement que mes moyens financiers ne sont pas suffisants...

– Non, Claire. La raison est tout autre, la reine mère et Raghoubir, comme tous les Indiens éduqués, se sont toujours opposés à l'expatriation massive de bébés indiens.

– C'est insensé, quand on voit ici toute cette misère.

– Je comprends votre réaction, je vous aime bien et j'admire même votre enthousiasme pour ce pays, mais je pense, moi aussi, comme eux.

– Alors, pourquoi m'a-t-elle dit de m'adresser à vous?

– Êtes-vous toujours déterminée à adopter un enfant indien?

– Plus que jamais.

– Vous n'avez alors que deux possibilités : celle de passer, comme le font pratiquement tous les Occidentaux, par l'intermédiaire d'officines spécialisées.

– Et l'autre solution?

– Vous adoptez un bébé, l'élevez en Inde et lui apprenez un métier qui lui permettra plus tard d'aider les siens...

Elle me regarde comme si elle me voyait pour la première fois, se lève, arpente la véranda, puis d'un pas décidé revient vers moi.

– La reine mère a en vous un excellent allié. Que dois-je faire? J'aimerais bien rester en Inde, mais je n'ai pas de fortune, et comment puis-je gagner ma vie ici? Je ne maîtrise pas assez bien l'anglais pour exercer... J'aurais dû évidemment vous parler de mon projet avant d'en faire part à la reine mère. Je me rends parfaitement compte de sa déception à mon égard et je regrette sincèrement qu'elle ait pu penser que je ne différais pas des autres Européens. Je vais essayer de trouver une solution auprès de notre ambassade. En tout cas, je ne vous embêterai plus avec mes problèmes. Je vais dire adieu à tout le monde et dès demain matin je quitterai le palais...

– N'oubliez pas d'aller voir le prince Amresh. Vous paraissez si décidée à partir que je me permets de vous signaler que vous avez en lui un admirateur et un ami sûr. Cela vous surprend?... Si vous êtes d'accord, je lui rapporterai tout ce que vous m'avez dit. Il a de puissantes relations et j'ai la certitude qu'il vous trouvera un poste dans un bon hôpital...

– Je vous donne carte blanche et je vous remercie, Vitold... Restez-vous encore longtemps ici?

– Quelques semaines, puis je retourne en France pour une année ou deux. Je vais présenter une série de conférences illustrées par mes films sur l'Inde.

Chapitre 16

Fin juin 1974

Mon petit village normand émergeait doucement de la brume. La journée aurait été radieuse si le facteur ne s'était pas présenté avec un faire-part venant de l'Inde. Il m'annonçait... « le départ vers le Soleil de l'âme de son meilleur fils, le Maharajah Yadavindra de Patiala, Roi des Rajpoutes et des Sikhs »... Suivaient ses trente-huit titres de noblesse et autres dignités : champion olympique, colonel des Lanciers de Patiala, ambassadeur de l'Inde en Italie, aux Pays-Bas... Quelqu'un avait ajouté à l'encre : Ami fidèle de la France.

Les hindous considèrent la mort comme un sommeil précédant une vie nouvelle plus heureuse, mais Yadavindra n'avait que soixante et un ans... Je pensai aux millions de Sikhs en pleine tourmente, dont il était le chef spirituel... Quelle perte aussi pour les centaines de maharajahs qu'il représentait depuis des années...

Bien que n'ignorant pas son état de santé, mon épouse, mes enfants et moi-même ne nous attendions pas à une disparition aussi prématurée. Il va sans dire que nous étions tristes ; cependant, d'emblée, nous avons décidé d'honorer son souvenir selon un ancien rite sikh, en évoquant uniquement des instants gais. Nous avons recouvert de draps blancs la moquette de la chambre de notre maison qu'il occupait quand il venait en Normandie, et tous les quatre, assis en tailleur, nous avons étalé des photos et des objets qu'il trouvait drôles. Parmi ceux-ci il y en avait un qu'il m'avait donné le jour de notre fameuse sortie au bord de la Marne et qui, à mon avis, dépeignait parfaitement le caractère intrépide et téméraire des Sikhs. Il s'agissait d'une petite peinture joliment encadrée, portant l'inscription : Cambrai 1914. Elle représentait toujours le même cavalier en uniforme jaune canari, culotte blanche et bottes brillantes, sur trois curieux chevaux. Le premier n'avait plus de pattes avant, le deuxième était sans tête et le troisième sans croupe... L'artiste avait glorifié naïvement l'exploit de l'oncle de Yadavindra, le capitaine Rajah Gobind Singh, appelé « le héros de la charge de Cambrai » qui avait perdu trois montures sous lui tout en gardant la vie sauve...

Pour cette séance, Anne, âgée à l'époque de onze ans, avait revêtu le costume entièrement recouvert de petits miroirs, celui des bergères indiennes, appelées Lambadis, costume que Yadavindra lui avait offert. Il avait été le fidèle protecteur de cette ethnie, l'une des plus anciennes de l'Inde et des plus attachantes, malheureusement en voie de disparition totale.

– L'oncle Yada, dit-elle, racontait que les Lambadis considéraient tous les arbres comme des frères et sœurs, et avait promis qu'il m'emmènerait un jour dans leurs villages. Ce serait bien d'y aller aux prochaines vacances ?

L'idée était excellente. Pour évoquer le souvenir de Yadavindra dans les règles, il fallait commencer notre visite chez les Lambadis, le jour du premier anniversaire de son « Grand Départ ».

Chapitre 17

De tous les paradis perdus de l'Inde, celui, modeste, dans lequel vivent les Lambadis, les adorateurs des arbres, bénéficie d'un sursis. Mais pour combien de temps?

Aimer les arbres n'a en soi rien de surprenant. Comme partout ailleurs, la plupart donnent des fruits, mais bien au-delà de cet aspect pratique ici, on voue même un culte aux espèces qui fleurissent sans fructifier... Exemple, le flamboyant. Selon le Mahâbhârata, la plus ancienne et la plus célèbre des œuvres épiques hindoues, le Père de tous les dieux, épuisé d'avoir créé la Terre, le choisit pour s'assoupir à son ombre. Depuis, le flamboyant est devenu « l'Arbre des Rêves magnifiques » ou Yama-drou-ma pour les paysans du centre de l'Inde. Lorsque les moissons se terminent, toutes les jeunes filles viennent s'étendre sous cet arbre en fleur dont le parfum provoquera le songe qu'elles espèrent et dans lequel elles verront le visage de leur futur mari...

Lorsque le rêve s'est concrétisé, le souci majeur de la jeune mariée est de mettre au monde un fils, beau et bien portant. Pour cela elle palpera les feuilles de l'arbre « anti-inquiétude », ou açoka en sanscrit, dont le feuillage n'est jamais malade...

Pour que son enfant soit fortuné, elle le conduira au soleil couchant, auprès de l'acacia indien dont la ramure d'un jaune étincelant est à ce moment de la journée comparable à une cascade d'or.

– Pourquoi n'allons-nous pas faire une randonnée pour voir tous ces arbres étonnants, avant qu'ils ne disparaissent ? proposent mes enfants. Tu nous as souvent dit que de plus en plus on les utilise comme bois de chauffage...

Quelques jours plus tard, nous partons de Bombay dans une voiture de location, avec pour seul guide un livre sur les arbres indiens, publié après la Première Guerre mondiale par un homme merveilleux, le père jésuite Ethelbert, ami de Teilhard de Chardin. Notre aventure sylvestre commence dès la banlieue de Bombay bordée d'arbres à pluie, ou Samanaea Indicá. Même ceux qui ne s'intéressent pas à la botanique les remarquent facilement grâce à leurs couronnes en forme de gigantesque parapluie, et au fait que l'herbe qui pousse à leur pied est toujours plus verte qu'ailleurs. Les feuilles de cette merveille du monde végétal, semblables à celles des fougères, s'épanouissent le jour et se contractent la nuit, vaporisant une rafraîchissante rosée. Mais attention : « Il faut se conduire avec beaucoup de tact en se réfugiant à l'ombre de cet Arbre Seigneur », disait le père Ethelbert. Les voyageurs peuvent s'y abriter une nuit seulement, la suivante est réservée aux animaux qui sont habitués à y trouver l'humidité indispensable à leur survie, notamment le serpent. Si l'on s'y attarde on risque de le trouver, lové à son côté, au petit matin...

La nature indienne, comme toute chose en ce pays, est bienveillante à l'égard des humains, mais devient agressive s'ils abusent d'elle. C'est le cas du banian éternellement vert ou « figuier de Bouddha ». Selon la légende, non seulement Bouddha naquit à son ombre, mais à l'âge adulte il venait s'asseoir à son pied pour méditer. Afin qu'on ne le dérangeât pas, il demanda au banian de plonger une partie de ses branches dans le sol, créant ainsi une sorte de hutte et de laisser les autres frémir, tel de longs bras, pour effrayer les insectes trop bruyants...

Cette grande famille de banians compte une centaine de variétés en Inde, aussi propices aux dieux qu'aux hommes. Le banian du Bengale, par exemple, au lieu d'avoir un seul tronc, possède une multitude de troncs-colonnettes. Abrités sous cet arbre, on a l'impression d'être sous une magnifique rotonde.

En revanche, il faut avoir les nerfs solides ou être très fatigué, comme c'est notre cas, pour dormir au pied d'une autre espèce appelée banian-Benjamin... Ses racines aux formes tourmentées rampent au ras du sol comme des pythons... Certaines ressemblent même à de gigantesques griffes d'oiseau préhistorique... Captivé par l'étrangeté de l'endroit, j'oublie de prévenir ma fille de ne pas s'y adosser car l'écorce du banian-Benjamin sécrète imperceptiblement une glu très forte. A peine avons-nous échangé quelques propos que sa chemisette en est imprégnée. Sa perte ne constitue certes qu'un incident mineur, mais ce qui arriva à notre chauffeur, le même jour, aurait pu mal se terminer. S'étant assoupi sous le jacquier ou arbre à pain, une courge d'une dizaine de kilos lui tomba sur la tête, le laissant assommé un court instant. Du fruit éclaté, une pulpe malodorante s'était répandue sur son visage et sa poitrine. Mais il est notoire qu'un Indien ne perd jamais son sens pratique : lorsqu'il revint à lui, il récupéra soigneusement le résidu pulpeux et le mangea... C'était son « dédommagement » pour la commotion subie, et, pour apaiser définitivement notre inquiétude, il fit griller les grosses graines blanches prélevées dans la pulpe, dont le goût délicieux rappelle celui des châtaignes...

De temps à autre, nous voyons des paysans grimpés dans certains arbres, en train de sectionner des branchettes qu'ils mangent ensuite ou plutôt qu'ils mastiquent... En réalité, ces hommes se nettoyent les dents avec la sève de ces bâtonnets. Ce margousier, dont le nom local est nim, offre à l'Inde entière à la fois la brosse à dents et la pâte dentifrice. Nous-mêmes en faisons l'essai avec les tiges fraîchement cueillies d'une autre espèce locale, très parfumée, appelée Barodanim, du nom de l'ancien royaume. Quand la chaleur devient suffocante, l'air sous le nim est particulièrement revigorant, car son très dense feuillage vert pâle, persistant toute l'année, dégage une grande quantité d'oxygène. Je signale de surcroît aux touristes gastronomes que cet arbre – dont le nom savant est Azadirachta Indica – offre la possibilité d'accommoder ses feuilles au goût de cresson en salades ou en soupes fort savoureuses...

Cette année, les récoltes de millet, graminée indispensable à la confection des tchapati, pain indien en forme de crêpe, sont manifestement très abondantes et, à l'entrée de chaque village, elles recouvrent la route sur plusieurs centaines de mètres, contraignant notre voiture à s'enfoncer dans un épais matelas végétal. Les paysans en profitent. Ils retournent le millet au fur et à mesure et nous encouragent à avancer en poussant des cris de joie. Ils pensent que nous sommes envoyés par le Gouvernement qui a fait goudronner les routes pour leur permettre de décortiquer leurs céréales sans efforts...

Très coopératifs, nous collaborons en roulant le plus lentement possible sur ces tapis de millet. L'exploit étant peu banal, au dixième passage, nous décidons de le filmer. Cependant notre chauffeur, trop impressionné par la caméra, met pleins gaz et traverse la récolte tellement vite qu'un nuage de poussière nous enveloppe entièrement durant plusieurs minutes. Nous devons recommencer la prise de vues à l'étonnement de la population. En très peu de temps, on ne voit plus rien dans tout le village, et le maire épouvanté nous fait signe d'arrêter, car, dit-il, si nous continuons ces allers et retours, nous risquons d'abîmer les grains... Il s'empresse de parer notre radiateur d'une guirlande d'œillets, manière élégante de nous faire comprendre que nous devenons indésirables.

L'étalage du millet et autres graminées ne nous gêne pas, notre hantise sont les gros cailloux que les chauffeurs de camions indiens placent en tas, au milieu de la route, pour signaler leur véhicule en panne... Un jour, malgré sa grande prudence, notre conducteur ne peut éviter une grosse pierre, qui brise l'axe de notre voiture de location, la rendant inutilisable. Nous la poussons sur le bas-côté de la route, laissant notre chauffeur guetter le passage d'un véhicule, et cherchons refuge du côté d'un bosquet, à deux cents pas de la route environ, seule oasis au milieu des champs qui s'étendent à perte de vue, brûlés par le soleil...

Au moment de l'atteindre, nous percevons des bruits de fuite... des gazelles peut-être? Non, des paysannes ayant abandonné, au bord d'un puits, leurs pots à eau en laiton, encore attachés à la corde du treuil. Nous les avons effrayées... Mais où sont-elles?

– Namaskar, namaskar! bonjour, bonjour! crions-nous, en hindi, au hasard... Dans l'Inde, tout est affaire de patience, nous nous asseyons donc à l'ombre pour nous mettre d'accord sur l'attitude à adopter dans l'hypothèse de leur retour.

Quelques minutes s'écoulent, un bruissement se fait entendre, et soudain surgissent devant nous deux arbres de Noël. C'est du moins l'impression que j'ai chaque fois que j'aperçois des femmes Lambadis, inoubliables dans leurs vêtements rouge et bleu, surchargés de miroirs, de bijoux et autres parures scintillant de mille feux...

Elles ne bougent pas d'un pouce. Une trentaine d'années chacune, leurs yeux presque entièrement masqués par des pendeloques argentées nous scrutent anxieusement... Nous gardons le silence, nous aussi, de crainte que le moindre son ne les fasse disparaître... Quelques secondes passent... Je les avais seulement entr'aperçues au cours de mes séjours précédents, quand elles traversaient les routes, toujours en sautillant. Je croyais alors que c'était leur manière de marcher. Tout est possible en Inde! Mais la raison en était très simple. Surchauffé par le soleil, le revêtement de goudron ramolli collait à leurs plantes de pieds. En vérité je n'ai jamais eu l'occasion de visiter leurs villages, généralement établis dans des endroits d'accès difficile, et voilà que, par une chance inouïe, nous tombons justement sur l'un d'eux..

Elles semblent être devant un cruel dilemme : soit rester, soit se sauver à nouveau. Elles décident de faire quelques pas pour nous affronter, ou plutôt elles se hasardent vers mon épouse, dont les cheveux blonds aiguisent leur curiosité. Celle qui semble être la plus hardie lui dit quelque chose dans sa langue. Mon épouse ne répond pas mais sourit, tandis que j'explique en hindi que notre voiture est cassée...

– Atcha, atcha, oui, oui, murmure-t-elle, en esquissant un sourire.

A-t-elle réellement compris de quoi il s'agissait ? Toujours est-il qu'elle se dirige vers le puits, s'empare d'un des pots et d'un geste éloquent m'invite à boire, en versant l'eau avec beaucoup de précautions dans mes mains jointes. La glace est rompue...

La plupart des Indiens ne boivent ni ne mangent face à des personnes n'appartenant pas à la famille. Aussi, respectant cet usage, nous leur tournons le dos, faisant semblant de mouiller nos lèvres en laissant couler l'eau de nos paumes au pied des arbustes. Notre règle d'or étant de ne jamais absorber d'eau non bouillie.

D'une manière générale, les Indiens sont d'une extrême obligeance pour vous tirer d'embarras. Un instituteur, un Sikh, prévenu de notre panne par notre chauffeur, propose de nous envoyer « rapidement » une dépanneuse, ce qui signifie au pis-aller le lendemain matin.

– Pour une fois, dis-je en le remerciant, cela ne nous gêne pas, nous passerons la nuit ici et peut-être pourrons-nous nous faire accepter pendant plusieurs jours par nos Lambadis ? Parlez-vous, par hasard, leur langue ?

– Suffisamment bien pour arranger votre séjour chez eux...

Nos deux Lambadis, leur jarre pleine posée sur la tête, prennent la direction du village. Nous les suivons à distance, et l'apparition des premières huttes dissimulées derrière un bosquet de nims nous force à nous arrêter. Ravis, nous attendons à l'ombre toujours très accueillante de cet arbre, leur laissant ainsi le temps de nous annoncer au chef du village et de lui décrire la couleur des cheveux de mon épouse...

Dans les croyances populaires hindoues, les fées, messagères de bonnes nouvelles, ont des chevelures dorées et des yeux bleus... Notre stratagème involontaire réussit une fois encore, car nos deux ambassadrices reviennent avec le chef, un bonhomme trapu à cheveux blancs, vêtu d'un pagne grège qui remonte en écharpe sur son torse musclé. Il se dirige vers nous, suivi de trois compagnons. Il est d'usage d'offrir, enveloppé dans un mouchoir, le cadeau de bienvenue. Je lui donne un billet de cinquante roupies. Incrédule, il le regarde longuement, en vérifie le chiffre, teste la solidité du papier, discute enfin avec ses compagnons puis avec l'instituteur. Celui-ci les assure de notre honorabilité et lui exprime notre souhait de rester chez eux plusieurs jours. Après quelques palabres, le chef donne son accord.

L'instituteur, avant de nous quitter, promet de faire tout son possible pour vite revenir avec la voiture réparée. Les cinquante roupies données au chef du village l'ont impressionné lui aussi. Cette somme représente dans la région la paie d'une semaine de travail d'un ouvrier agricole.

Au contraire de ses deux épouses qui sont, comme par hasard, nos « arbres de Noël », le chef ne porte aucun bijou. Il se rend bien compte que nous ne comprenons pas sa langue, et, avec de grands gestes, il nous engage à le suivre dans son village où s'éparpillent une trentaine de petites huttes, rondes et carrées en argile, couvertes de paille de millet et de tiges de cannes à sucre. Au centre, sous un magnifique bauhinia, reconnaissable à ses feuilles en forme de cœur, se trouve une lourde plaque de pierre où figure en haut relief un cobra protecteur.

C'est sous cet arbre, à côté de l'idole, que nous prenons place sur une couverture faite de carrés de tissus de couleurs. Peu à peu arrivent les Anciens, qui s'accroupissent autour de nous et nous regardent en silence. Le chef apporte lui-même un pot d'eau bouillante qu'il verse à travers un passe-thé en osier dans des gobelets en terre cuite.

– Tchah tchah, dit-il, en nous montrant le breuvage dans lequel il ajoute du miel sauvage et un peu de lait de buffle.

Je hoche la tête de gauche à droite plusieurs fois, pour exprimer mon approbation... Il faut cette fois boire face à eux.

L'incompréhension de nos langues et l'absence d'interprète provoquent le fou rire, de part et d'autre, quand nous essayons de leur faire comprendre par gestes qu'il nous faut de l'aide pour transporter nos bagages de la voiture au village.

Je dois répéter plusieurs fois le mot gadi, signifiant voiture en hindi, pour que deux hommes aident mon fils Jean-Noël et ma fille Anne à décharger le matériel. Cependant, en une heure, tout est déposé sur la terre battue, à côté de la couverture. J'aurais bien sûr préféré installer notre tente sous les deux nim à l'entrée du village mais, comme je l'expliquerai tout à l'heure, nous déplacer eût été très désobligeant pour eux. Alors nous commençons, comme sur une scène de théâtre, à sortir nos lits de camp, moustiquaires, vêtements et vivres. Bientôt, tout le village, femmes, hommes et enfants à croupetons, sans oublier les animaux, nous entoure, ne perdant pas un seul de nos gestes...

Notre tente, plus petite que celle mise à ma disposition par le maharajah Raghoubir quand je l'accompagnais, ressemble à une maisonnette de trois mètres sur quatre, pourvue d'un toit à deux pans et soutenue par deux mâts en bambou. La toile, couleur kaki, doublée à l'intérieur d'une cotonnade jaune d'or, est décorée à la main de minuscules fleurs. Nous relevons les pans mobiles afin que les villageois puissent voir ce que nous faisons : c'était la meilleure façon de désarmer leur méfiance...

Ce qui les intéresse, c'est le déballage de notre équipement. Notre grande bonbonne d'eau avec son robinet chromé, dotée d'un trépied escamotable, provoque quelques claquements de langues, mais lorsque mon fils déploie notre petite tente-toilette et y dépose nos w.-c. chimiques – un cylindre métallique muni de fermetures compliquées – ils se lèvent et reculent respectueusement, présumant qu'il s'agit comme dans tout sanctuaire d'un lieu de méditation intense.

Ils ne se trompent d'ailleurs pas de beaucoup, c'est le seul endroit tranquille ! L'intimité est une notion pratiquement inconnue dans l'Inde profonde. Il y a, où que vous soyez, invariablement quelqu'un derrière une fenêtre, un arbre ou un buisson. S'enfermer pour faire ses besoins est incompréhensible pour nos Lambadis... Pour une fois qu'ils avaient l'occasion de voir comment cela se passait chez les étrangers !...

Du reste, il n'est pas question de nous éloigner du village, même pour « faire de l'eau », de crainte de souiller des sentiers tabous : celui réservé aux femmes enceintes, celui aux femmes ayant leur menstruation, ou pire encore, le chemin conduisant aux lieux de crémation.

Après une nuit tranquille, seulement troublée par quelques jappements de chiens répondant aux pleurs des chacals et au chant des coqs, notre moral est excellent et notre appétit fort grand. C'est le moment de quitter la tente pour préparer notre petit déjeuner : du thé et des œufs sortis de notre caisse à provisions. Ce qui ne manque pas de susciter d'abondants commentaires dans l'assistance déjà au complet dès le lever du soleil. L'une des femmes du chef se lève et part en courant, pour revenir quelques minutes plus tard, avec trois œufs et autant de galettes de millet qu'elle déposa devant mon épouse, avant de s'asseoir face à elle, et de la regarder béatement... Le moment est tout à fait opportun pour Jean-Noël et moi-même de « chauffer » notre public en savonnant notre barbe au blaireau. De fait, la joie des spectateurs est à la mesure de nos espoirs. Les enfants se tordent littéralement de rire, car leurs pères se rasent à sec, à la machette. L'ambiance est si détendue que plusieurs femmes s'enhardissent elles aussi à s'approcher de mon épouse pour examiner ses cheveux...

L'arrivée de l'instituteur deux jours plus tard, avec la voiture en état de marche, nous permet d'approfondir nos connaissances de leurs coutumes, toutes liées à leurs bijoux. Nous les soupesons et même les écoutons tinter... La plupart renferment des graines mystérieuses, dont le bruit écarte les mauvais esprits qui hantent les champs de millet. Leurs miroirs, faits de minces feuilles de mica, « mangent le feu-du-soleil », nous dit l'instituteur, et permettent à leurs corps de rester froids... Ma fille fait mine de les effleurer...

– Il ne faut pas ! Il ne faut pas ! s'exclame-t-il à l'unisson de nos belles Lambadis.

Elles affirment que leurs miroirs protègent le lait maternel qui selon la légende fut donné en récompense par la vache sacrée à l'une de leurs ancêtres ayant nourri le bébé-lune, à l'insu du soleil qui, jaloux de sa beauté, voulait le tuer...

– Vous savez, ajoute-t-il, traduire leur langue très ancienne n'est pas aisé, ses expressions sont archaïques. En revanche, fait-il en s'adressant à mon épouse, vous pouvez examiner les roupies en argent cousues sur les bords de leurs châles et de leurs tcholi. Pourquoi ? Parce que ces pièces ont été fabriquées en Europe, et tout ce qui vient d'Occident signifie prospérité... »

Il n'est pas rare de voir les femmes porter des tresses lestées chacune d'un kilo de grelots en argent, contenant des grains-talismans, tandis que les vêtements sont ornés de plusieurs kilos de roupies du même métal, représentant la dot. Ces pièces devenues rares sont très recherchées en Inde, aussi en avons-nous fait une bonne provision chez les changeurs des grandes villes. Elles nous servent à rétribuer les services des habitants des régions d'accès difficile, qui se méfient toujours des billets. L'instituteur-interprète, malgré ses idées modernes, est lui aussi sensible à cet argument et choisit de rester avec nous jusqu'à notre départ...

Pour ne pas effrayer nos hôtes, nous ne filmons rien, attendant le moment propice, car nous savons que les Lambadis, comme d'autres charmantes peuplades indiennes, n'aiment pas les étrangers qui les photographient par surprise, puis disparaissent « comme des voleurs ». Le moment favorable se présente le jour où j'aperçois le chef en train d'enrouler soigneusement son turban de cotonnade bariolée devant un miroir que tient son fils de dix ans. Je lui montre ma caméra ainsi qu'une roupie d'argent que je sors de ma poche. Il ne réagit pas, et je regagne ma tente. Cinq minutes ne sont pas écoulées que je le vois revenir, la mine réjouie, avec son fils, lui aussi coiffé d'un magnifique turban et, trottant sur ses talons, un chien. Je les filme tous les trois, puis respectant la hiérarchie, je tends au chef une roupie, une demie à son fils, sans oublier un quart pour son chien...

Nous sommes chez eux depuis une semaine et nos relations sont toujours excellentes. Comme au premier jour, ils déposent tous les matins au pied du bauhinia un peu de lait, trois œufs et autant de galettes de millet. Ce geste de politesse, auquel participent tous les habitants, représente un effort sérieux pour eux. Ils sont en effet une centaine et ne possédent que cinq buffles, quelques chèvres et une vingtaine de poules. Heureusement, ils ont cet arbre, qu'ils appellent djin-djero – « frère qui donne tout »... Quotidiennement, ils lui parlent pour lui expliquer les raisons de leur générosité à notre égard, et badigeonnent son écorce d'un peu de lait... Anne est enchantée.

Dès qu'ils apprennent l'intérêt que nous portons à cet arbre, ils nous dévoilent ses vertus. Ses feuilles séchées leur servent de papier à cigarettes; en macérant ses fleurs rouges semblables à celles de l'hibiscus, ils obtiennent un excellent piment qui, de surcroît, soigne les plaies même les plus vilaines. Les racines réduites en poudrc, ct diluées dans du lait, éloignent les termites... Jadis, les Lambadis enduisaient de cette mixture les pointes de leurs flèches et de leurs lances pour se défendre contre les animaux sauvages... Il se trouve que, grâce à Raghoubir, je connais cet arbre étonnant. C'est à mon tour d'apprendre au jeune instituteur l'origine du djin-djero. Je lui épelle même son nom latin car il tient à prendre des notes pour ses élèves. Ce fut, en effet, Gaspard Bauhin, botaniste français du XVIe siècle, qui le découvrit, et l'appela l'arbre de saint Thomas, car, affirmait-il, « ses qualités sont si étonnantes qu'il faut les vérifier pour le croire ». Il avait raison.

En signe de gratitude, nous offrons aux Lambadis le spectacle de notre vie quotidienne, en laissant les pans de notre tente largement relevés. Ils aiment beaucoup regarder ce que nous faisons et se plaisent même à nous imiter : ils se couchent sur nos lits de camp, veulent essayer nos brosses à dents, nos lunettes de soleil et rient aux larmes en écoutant Mozart...

A cette époque de l'année, et dans cette région, notre thermomètre ne chôme guère. A midi, il grimpe jusqu'à cinquante à l'ombre et descend, la nuit, à dix degrés. Les femmes Lambadis, s'apercevant que mon épouse souffre de la canicule, font savoir, par l'intermédiaire de l'instituteur, qu'elles vont la débarrasser de la chaleur. Par exemple ! Sans doute en l'éventant à tour de rôle ?... Pas du tout !

Chaque jour, vers onze heures, elles fixent sur leurs chevilles une sorte d'éperon en laiton, garni de petites billes de silex : « pour empêcher, nous disent-elles, le soleil de les aspirer ». Elles alourdissent ensuite leurs jambes de plusieurs kilos de bijoux, surchargeant leurs vêtements de miroirs, puis recouvrent entièrement leurs bras avec des bracelets d'ivoire. Ainsi protégées, elles se mettent à danser en tendant les bras vers l'astre ennemi. Elles ne l'implorent pas, mais au contraire se moquent de son impuissance à leur égard. Elles le défient... Elles tournent autour de mon épouse, de plus en plus vite, et au moment où leurs bijoux deviennent brûlants, elles s'éloignent du village dans une farandole endiablée, entraînant avec elles « la chaleur solaire »... Le plus étonnant fut que mon épouse, médusée, sentit une brise fraîche qui ne la quitta pas, pendant la durée de chaque danse, car nos Lambadis revenaient au village, puis repartaient avec « la chaleur » plusieurs fois de suite...

Pour les remercier, mon épouse leur fait écouter, le soir, d'abord la cassette de Mozart, puis celle de leur danse « antisolaire », que ma fille a enregistrée. Les rires provoqués par l'orchestre symphonique sont aussi aigus qu'est profond le silence dans lequel les plonge le chant de leurs camarades...

Le jour de notre départ, le chef du village offre à mon épouse le costume de mariage de sa mère orné de roupies d'argent. Or, à cause de ces monnaies anciennes, nous avons bien failli rater notre avion pour la France. Les douaniers exigent un permis d'exporter l'argent et voulaient nous infliger une très lourde amende. Heureusement, je réussis à joindre au téléphone le prince Amresh...

Chapitre 18

Deux années viennent de passer...

Les charmantes hôtesses indiennes, de leur voix interstellaire, demandèrent aux passagers d'attacher les ceintures...

– Approchons-nous de Delhi?

– Dans une heure seulement, nous allons traverser un cyclone, dirent-elles pour me tranquilliser...

J'avais donc tout le temps de me cramponner au télégramme du Raghoubir, que je relus pour la énième fois. Depuis mon départ de Paris, plusieurs phrases ne cessaient de me troubler : « Soyez le témoin de la fin d'un monde qui fut le mien... Ma mère est ravie de son magnétoscope... J'ai réussi à fixer les senteurs du basilic... »

Que se passait-il chez cet illustre ami? Quel lien y avait-il entre la fin de son monde, la vidéo et le basilic?... A la faveur d'un trou d'air, je crus avoir trouvé la réponse : il était certainement arrivé quelque chose à ses plantes...

L'Inde est un pays aux contrastes violents. Quelques minutes avant notre atterrissage, les éléments déchaînés cédèrent la place à une magnifique aurore... Les contrôles des passeports et des bagages terminés, un agent de la compagnie aérienne vint me signaler qu'une voiture m'attendait. Ram-Gopal, l'aide de camp de Raghoubir, était là lui aussi. En prenant un air de conspirateur, il me chuchota :

– Vitold, nous sommes envahis par les Russes!

– Mais c'est terrible. Ils viennent d'Afghanistan?

– Non, directement de Moscou!

– En chars?

– Non, en camions pleins d'agents secrets.

Je crus à une plaisanterie, mais il n'en était rien. Il m'apprenait, en un flot de phrases hachées, entrecoupées tout de même de mots de bienvenue, que le Gouvernement pressait le maharajah d'organiser une chasse aux tigres pour le président de l'Union soviétique en visite officielle.

– Mais pourquoi cet air soucieux, mon cher Ram-Gopal? Ce n'est pas la première fois que des présidents et des empereurs chassent chez le maharajah? Où est la difficulté?

– Les Soviétiques seront là dans trois jours, contrairement à ce qui avait été initialement prévu, et nous recevons au même moment des invités de marque, un souverain scandinave dont l'épouse est la petite-nièce du dernier tsar. Vous comprenez?

– J'essaie...

C'est fâcheux en effet, mais qu'ai-je à faire là-dedans? Je ne parle pas le russe, je ne suis pas chasseur et je ne connais aucun roi, aucune reine scandinave. Le maharajah m'a prié de venir pour une chose très importante, de quoi s'agit-il exactement?...

– La situation financière du maharajah ne s'est pas améliorée depuis votre dernier séjour, bien au contraire. La visite de ce roi qui est l'un des plus grands collectionneurs de pierres précieuses est très importante, voire même capitale pour nous. Aussi, par égard pour cux, le maharajah, qui a décidé en dernière minute de faire une retraite pour ne pas être obligé de recevoir personnellement les Russes, est-il très embarrassé. Il lui fallait donc trouver quelqu'un pour s'occuper d'eux pendant son absence.

– Je vous vois venir... mais le prince Amresh peut, tout aussi bien, se consacrer aux souverains scandinaves, il a déjà reçu la reine d'Angleterre et d'autres hôtes de marque !

– Impossible. Excepté sa langue maternelle, la reine ne parle que le français. Le maharajah a pensé à vous pour être l'aide de camp des altesses et compte également sur vous pour employer toute votre diplomatie, afin d'éviter le moindre incident entre la reine et les Russes. Des rumeurs nous ont appris qu'elle les détestait et nous la soupçonnons de combiner, à leur encontre, des projets dévastateurs...

En prononçant ces derniers mots, sa physionomie s'éclaira et, tout réjoui, comme s'il s'agissait d'une bonne plaisanterie, il ajouta :

– Vitold, vous allez vous amuser ! Non seulement elle a du caractère, mais elle ressemble à Elizabeth Taylor. Vous souvenez-vous de la « Mégère apprivoisée » ? Ha, ha, ha !...

Et pendant un quart d'heure il s'esclaffa tout seul, comme un adolescent, malgré sa trentaine bien entamée...

Six heures de route nous séparaient encore du « Paradis de Vishnou », le domaine de Raghoubir. Je changeai donc de sujet et voulus orienter la conversation sur ce qui se passait à la cour. Malgré mes efforts, il s'obstinait à m'imaginer en train de courir après la reine scandinave pour lui arracher son fusil... Pourquoi ce fusil ? Parce que, disait-il, selon le chauffeur du couple, « elle adore la chasse et tire facilement sur tout ce qui bouge »... Pour le calmer je gardais le silence, mais cette information m'alarma quelque peu, et je commençais à appréhender ma rencontre avec cette walkyrie. Heureusement, nous quittions la chaussée goudronnée pour emprunter une route traditionnelle dont les cahots et la poussière ont toujours eu sur moi un effet soporifique. La chaleur aidant, je somnolai pendant les quelques heures de trajet qui restaient...

Ram-Gopal me réveilla. A ma grande stupeur, le palais avait l'aspect d'une forteresse en état de siège. Deux cordons de soldats l'entouraient et des chicanes en fil barbelé filtraient toutes les voitures particulières... Le portail principal franchi, des policiers en civil pleins de zèle vérifièrent nos laissez-passer. Le grand hall, comme me l'expliqua Ram-Gopal, était investi depuis deux jours par les hauts fonctionnaires du Gouvernement de Delhi et par des officiers indiens et russes de haut rang. Nous les avions évités en longeant les murs et, par une porte secrète que je ne connaissais pas encore, nous nous engouffrâmes dans un couloir étroit et sinueux qui aboutissait à une antichambre, dont l'une des cloisons était constituée par un paravent-grille en bois sculpté. Le visiteur peut jauger l'ambiance qui règne dans la salle de réception et choisir le moment propice pour son apparition. Des domestiques s'empressèrent de nous débarrasser de nos vêtements, de nos souliers poussiéreux, et nous lavèrent les pieds. L'un d'eux massa longuement mon gros orteil pour éliminer la fatigue de mon corps tout entier qui s'y était accumulée, puis me chaussa d'une sorte de mocassins de toile écrue.

Je savais que le maharajah souhaitait me voir dès mon arrivée, mais tout de même pas en sous-vêtements!... Tout à coup, une trappe s'ouvrit dans le plancher non loin de mon siège, d'où émergea, comme un périscope, une tête hirsute dont on ne voyait que les yeux. Ils scrutèrent les serviteurs, Ram-Gopal, puis s'arrêtèrent sur ma peau blanche. Ce fut alors la panique et la tête disparut... Le fantôme, c'était moi! De cette trappe, desservant l'une des innombrables galeries de service excavées dans le rocher, nos valises surgirent une par une, propulsées par la tête des bagagistes. En un tournemain, nos vêtements furent tenus à bout de bras par un valet tandis qu'un autre actionnait d'une main experte un petit vaporisateur à charbon de bois qui défroissait la redingote grise de Ram-Gopal, son turban bleu-rouge d'aide de camp, puis mon costume en toile beige. Bien entendu, je n'avais pas apporté de vêtements blancs. Tous ceux, y compris les étrangers, qui se risqueraient à porter cette couleur seraient irrémédiablement déconsidérés à la cour, car la lumière solaire tombant sur des vêtements blancs les entoure d'une auréole. Et ici, seul le maharajah a le droit de rayonner, privilège attaché au plus ancien et au plus prestigieux de ses titres, celui de « Fils du Soleil ». Sa deuxième dignité, celle de « Grand Maître des Arômes », exige que les gens qui sollicitent une audience soient parfumés d'une eau de toilette correspondant à leur horoscope. Il y a quelques années, l'astrologue de la cour, en étudiant le mien, m'avait conseillé la lavande pour le visage et le vétiver pour les aisselles.

Enfin prêt, je me tiens derrière le paravent-grille, à l'entrée de la « Salle de Réflexion ». C'est une pièce octogonale de grande dimension, éclairée et ventilée par des ouvertures horizontales pratiquées au niveau du plafond, dont les rebords sont assiégés par de nombreux moineaux qui ne cessent de pépier. Comparables aux nôtres et aussi effrontés, ces oiseaux guettaient l'arrivée des préparateurs de bétel pour chaparder des grains dans leurs casiers à épices. Ces moineaux indiens sont très intelligents, certes, mais pas au point de savoir qu'il n'y aurait pas de distribution de ce délice, car, entouré de ses conseillers, Raghoubir recevait des « indésirables de haut rang » : l'ambassadeur du Kremlin et les envoyés personnels de Mme Gandhi, Premier ministre indien.

Tout avait commencé quelques semaines auparavant. Mme Gandhi, en prévision de la visite officielle de son grand ami, le président de l'Union soviétique, chasseur passionné, avait demandé au maharajah de le recevoir fastueusement dans son palais et de lui organiser une battue aux tigres, le tout aux frais du Gouvernement, bien entendu. Raghoubir donna son accord pour les fauves, mais refusa catégoriquement de recevoir les Russes dans son palais, prétextant des « raisons religieuses ». Mme Gandhi insista en vain. Le président soviétique, sans attendre l'accord du maharajah, avait déjà promis à sa famille et à sa suite qu'elles verraient le maharajah et ses maharanis. Aussi crut-il bon de lui envoyer un ambassadeur « extraordinaire ». Curieux de connaître les propositions de celui-ci, Raghoubir accepta de recevoir l'émissaire, sous certaines conditions cependant. Il exigeait d'une part que l'ambassadeur se présentât avec son propre coussin en coton, large de trois pieds et pas plus épais que dix pouces, et d'autre part que la requête fût chuchotée selon la coutume établie par les ancêtres du maharajah quand ils recevaient des envoyés spéciaux.

Le Maître du Kremlin, indigné, voulut supprimer la clause « vocale », mais le temps passait et, n'ayant reçu aucune réponse à ce sujet, il capitula. Son envie de chasser le tigre à l'ancienne mode, que seul encore Raghoubir pratiquait, s'avérait plus forte que sa susceptibilité.

J'arrivai au palais à l'instant précis où ce diplomate de la dernière chance se présentait dans la salle d'audience, suivi d'un valet portant ce fameux coussin. Tout paraissait un peu flou à travers la grille du paravent, cependant je voyais bien que le maharajah assis sur son immense matelas-trône ne regardait pas le Soviétique qui parlait en russe et comme convenu d'une voix très douce, puis s'installa sur son coussin fabriqué tout exprès à Moscou. Les personnalités présentes à l'audience qui l'écoutaient et le regardaient n'imaginaient certainement pas que le coussin en coton sur lequel il s'agitait, mal à l'aise, avait failli provoquer un sérieux incident diplomatique entre l'Inde et la Russie... N'arrivant pas à plier correctement ses jambes, il remuait, jetait des regards anxieux sur son traducteur, puis sur le plafond où une énorme lame d'osier tressé, suspendue par de lourdes chaînes, brassait l'air à l'ancienne, c'est-à-dire dans un continuel va-et-vient. Ce n'était pas la machine qui l'inquiétait, mais les moineaux. Tout à l'heure, en voletant, l'un d'eux s'était oublié sur son costume noir...

Ram-Gopal, l'oreille collée au paravent, écoutait attentivement les propositions des Soviétiques et, leur audience terminée, il me conseilla de me montrer. Dès que Raghoubir m'aperçut, il ordonna au maître de cérémonie de me dispenser des courbettes habituelles. Cette faveur m'étonna beaucoup car, devant son entourage, il exigeait toujours la scrupuleuse observation de l'étiquette. Cette exception, j'en étais sûr, était destinée à faire languir le Russe qui, de toute façon, n'aurait pas de réponse immédiate. Je m'avançai en joignant les mains, m'arrêtai à trois pas de Raghoubir et m'inclinai avec déférence, attendant qu'il m'adressât la parole.

– Hello, Vitold, kem-tché? Comment ça va? me demande-t-il en goudjérati.

– Sarou-tché, Raghoubir Sire, sarou-tché; très bien, très bien, répondis-je dans la même langue, parlée à la cour seulement par ses proches.

En la choisissant, le maharajah révélait aux hauts fonctionnaires indiens, accompagnant le Russe, qu'il me connaissait de longue date.

– Vous savez, Vitold, depuis quelques jours nous vivons dans un état de pollution totale... oui!... to-ta-le! Reposez-vous aujourd'hui, nous nous verrons demain.

Puis, très lentement, il éleva les paumes de ses mains, geste signifiant que je pouvais accomplir le darshan, c'est-à-dire, comme on le sait déjà, le contempler quelques instants avant de me retirer. En m'octroyant devant tout le monde cette faveur, il entendait signifier que j'étais sous sa protection... Pourquoi cette précaution?

Il n'avait pas beaucoup changé depuis notre dernière rencontre. Son corps était maintenant un peu plus charpenté, davantage sculpté dans la masse, ce qui lui conférait une prestance inouïe. Son visage au menton à fossette s'était légèrement étoffé et ses cheveux bleu-noir s'argentaient aux tempes. Il ressemblait désormais davantage à l'acteur Cary Grant qu'à Rajiv Gandhi...

Ma conversation avec lui en goudjérati puis mon habileté à me retirer – je le dis sans fausse modestie : en reculant d'abord de cinq pas les mains jointes, ensuite de trois pas, les mains sur les cuisses – impressionnèrent tout le monde...

En regagnant mes quartiers avec Ram-Gopal, je lui demandai si le maharajah assisterait à la chasse.

– Certainement pas, malgré l'insistance de l'ambassadeur. Vous ne devinerez jamais ce qu'il a promis au nom du président russe, en contrepartie d'une réception solennelle au palais.

– L'Ordre de Lénine ?

– Ne plaisantez pas, cherchez bien.

– Une tonne de caviar ?

– Là, alors, je ne vous reconnais pas ! Ce n'est pas gentil pour notre maharajah.

– J'abandonne...

– Il lui a proposé un spectacle complet du Grand Ballet de Moscou avec je ne sais combien de danseuses et danseurs...

– Le maharajah a-t-il accepté ?

– Bien sûr que non, mais pour ne pas trop vexer les Russes, il a prétendu que des raisons familiales ne lui permettaient de recevoir aucun invité venant du nord. Vous connaissez nos peurs ancestrales de tout ce qui vient de cette direction... Si vous aviez pu voir le visage de l'ambassadeur. Il faisait pitié ; j'ai d'ailleurs le sentiment que le bonhomme va passer le reste de sa vie en Sibérie...

Le soir même, j'allais dîner chez Ram-Gopal. Sans attendre que je m'installe sur mon tabouret capitonné, il me donna à lire le communiqué officiel destiné aux journalistes : « Son Altesse Royale le Maharajah Raghoubir n'assistera pas à l'arrivée du président soviétique, ni ne participera à la chasse. On pourra photographier Son Altesse Royale le Maharajah sur le chemin du temple, à la distance rituelle de sept fois la longueur de son ombre. L'utilisation des flashes est strictement interdite... »

Ram-Gopal avait raison, Raghoubir n'avait pas cédé et les journalistes soviétiques devraient se contenter de prendre des photos de loin. Venus par train spécial de Delhi, malgré la déception qui se lisait sur leur visage à l'annonce de ces mesures, ils procédèrent aussitôt à une reconnaissance du trajet, que des brahmanes balisaient avec des cordes bleues et rouges, sous le contrôle de Ram-Gopal. Heureux de trouver un « interlocuteur compétent » parlant anglais, ils l'assaillirent de questions concernant la longueur de l'ombre du maharajah. « Qu'a donc celle-ci de si particulier. Pourquoi toutes ces restrictions ? Pourquoi nous traiter comme des pestiférés ? »...

Ram-Gopal leur expliqua qu'en Inde, pour être heureux, il faut faire attention à son ombre, faire en sorte qu'elle soit toujours dégagée. Empiéter sur l'ombre du maharajah, « Fils du Soleil », signifierait lui vouloir du mal... Les hindous, très pieux, ne prennent aucune nourriture sans la présence de leur ombre, si pâle soit-elle, c'est-à-dire qu'ils ne mangent jamais la nuit...

Irrité et découragé par leurs remarques discourtoises, Ram-Gopal décida de m'appeler à son secours. Son messager me trouva dans le grand salon où le maître de cérémonie terminait ma présentation au couple royal scandinave, en tant qu'aide de camp et cinéaste gracieusement mis à leur disposition...

– Chouette, s'écria la reine, vous m'aiderez à charger et à régler ma caméra. Je ne me rappelle jamais comment ça marche, je ne suis pas aussi douée que ma cousine Elisabeth d'Angleterre.

Je lui dis que j'avais vu sa cousine accompagnée du duc

d'Edimbourg, à Jaïpur en 1961, lors d'une chasse organisée en leur honneur.

– Avez-vous filmé Philippe en train de tirer son tigre?

– Je n'ai pas pu le faire, il était trop loin. De toute façon, la reine Elisabeth filmait tout elle-même.

Cette chasse était bien modeste en comparaison de celle qui se préparait, et qui ressemblait d'ailleurs plutôt à une réunion de propagande pour Mme Gandhi. Elle avait pour cette raison invité, en plus des diplomates amis de l'Union soviétique, près de deux cents hauts fonctionnaires indiens, mais pas le moindre maharajah...

– Au fait, Altesse, avez-vous pris connaissance du communiqué officiel?

– Oui, répondit le roi scandinave, je vous dirai que j'en suis même très content, car j'aime les situations nettes et j'aurai le plaisir d'avoir le maharajah pour moi tout seul...

Il était de notoriété publique que ce quinquagénaire, grand, mince, au crâne dégarni et portant des lunettes fines, n'avait guère de sympathie pour les Soviétiques. Le but essentiel de sa visite était de pouvoir compléter sa célèbre collection de joyaux indiens par l'achat d'un collier de rubis et de diamants que le maharajah désirait vendre. La reine, en revanche, était fort déçue. Elle s'était fait faire à Paris une toilette spéciale dans l'espoir d'une réception au palais.

– Qu'à cela ne tienne, disait-elle, je montrerai à ces moujiks comment on chasse les fauves.

Cela promet, pensai-je en l'observant. Âgée d'une quarantaine d'années, elle ressemblait en effet à Elizabeth Taylor par ses rondeurs, mais elle était plus grande, et de son corps émanait cette fraîcheur qui est l'apanage des gens vivant continuellement en plein air. Son allure désinvolte et ses vêtements excentriques confirmaient mon impression. Elle était coiffée d'un grand chapeau rouge orné de fleurs artificielles, et la saharienne kaki qu'elle portait sur un pantalon jaune était serrée par une large ceinture style cow-boy.

Ils voulaient tout savoir sur moi, sur la chasse en Inde en général et sur l'endroit où celle-ci devait avoir lieu. Après l'exposé de mon curriculum vitae, je leur expliquai que normalement on chasse le tigre la nuit ou tôt le matin en faisant le guet sur une plate-forme installée dans un arbre. Si l'on est un vrai sportif ou un chasseur émérite, on peut poursuivre le fauve à pied, en suivant ses traces qu'un bon shikari, guide de chasse indien, détecte au sol ou sur l'écorce des arbres, car le tigre aime y aiguiser ses griffes...

Je profitai de l'apparition des valets de chambre apportant du thé pour dénicher, dans les rayons d'une petite bibliothèque qui se trouvait dans la pièce, un ouvrage datant d'un siècle, au titre très explicite : « Manuel à l'intention de l'Européen, amateur de chasse honnête »... Je l'ouvris et leur lus ce passage : « ... Le futur chasseur doit disposer de beaucoup de temps, aimer les sandwiches et la jungle, savoir tirer et surtout être malheureux en amour. En effet le tigre est très sentimental, il pleure souvent pour garder le regard perçant... »

– Je ne sais pas, madame, si le tigre pleure, mais son regard est en effet d'une intensité très particulière et je ne peux mieux faire que de vous transmettre le conseil des guides indiens : Baissez les yeux quand le regard du fauve rencontre le vôtre!... Sinon il vous hypnotisera...

– Si ce que vous racontez est vrai, m'interrompit le roi, je ne risque rien, j'ai une très mauvaise vue!

– Alors, mon ami, est-ce à cause de votre vue que vous ne risquez plus rien, ou bien en tant que don Juan?...

Sans attendre la réponse, elle se tourna vers moi.

– Cette histoire est très drôle, monsieur Vitold. Est-ce que je peux vous appeler Vitold? C'est plus simple... Mais pourquoi cet animal devient-il un mangeur d'hommes?

– Un jour que le tigre rentrait bredouille et fatigué dans sa tanière, sa tigresse le rabroua : « Pourquoi ne vas-tu pas tuer les proies de tout repos que sont les hommes et leur bétail?... » Il s'agit bien sûr d'une légende qu'affectionnent les pisteurs locaux, en majorité animistes... La religion hindoue, qui cherche à expliquer les énigmes de la nature, donne dans ses Écritures une version plus profonde : Le tigre est devenu tueur d'hommes depuis que la déesse sanguinaire Kali s'est incarnée en lui. Les hindous, qui trouvent des noms extraordinaires pour tout, l'ont surnommée Shakti, ou l'Énergie, et la représentent sous forme d'une peau de tigre sur laquelle est assis Shiva, son mari, devenu le Maître de toutes les Énergies.

– C'est compliqué, mais très intéressant, fit le roi scandinave. Je comprends maintenant pourquoi on recherche tant la peau des tigres. Celle-ci symbolise l'énergie qui manque aux êtres passifs. C'est ainsi qu'en s'en emparant ils croient éliminer leurs propres faiblesses et celles de leurs familles...

– Exactement. Je vais vous donner quelques exemples. Notre hôte le maharajah Raghoubir rassemble, chaque année, des jeunes filles en mal de devenir femme et, au cours d'une cérémonie très émouvante, il les fait asseoir à tour de rôle sur la peau de ces bêtes afin qu'elles s'imprègnent de la force de l'animal. Il existe chez un de ses voisins, au palais de Bradj, une salle particulière dont le sol est entièrement recouvert d'une centaine de peaux de tigres tueurs d'hommes. Les femmes dont le vœu le plus cher est d'avoir un fils exécutent dessus, pieds nus, quelques pas d'une danse exorcisante.

– Mais oui, s'exclama la reine, je m'en souviens très bien maintenant, j'ai vu vos reportages photographiques sur ce sujet dans un magazine ! Combien de tigres avez-vous tirés ?

– Aucun, mais j'en ai affronté souvent en accompagnant mes hôtes les maharajahs, en tant que cinéaste, aide de camp ou tout simplement en tant qu'indianiste. Une seule fois, j'ai failli en tuer un, très puissant, qui avait blessé mon compagnon, chasseur professionnel. Comme mon fusil n'était pas chargé, je l'ai utilisé comme un gourdin et j'ai frappé la bête jusqu'à ce qu'elle le lâchât. C'est grâce à ce chasseur et à ses guides indigènes que je peux relater la plupart des histoires sur la vie des animaux de la jungle.

– Le tigre est-il sacré ?

– Pas du tout, contrairement à ce que les Occidentaux se figurent, il ne sera jamais sacré. Qu'il se nourrisse de chair est déjà difficile à admettre pour les hindous, mais plus encore le fait qu'il tue des êtres vénérés dans ce pays, tels les vaches, les enfants et les vieillards. Par ce moyen détourné, il affronte les maharajahs, gardiens de l'hindouisme. La peau de ces fauves symbolise le devoir accompli par leur caste – celle des Kshatriyas ou des « Défenseurs de l'Homme ». Selon les textes sacrés, les animaux maléfiques ne peuvent être punis que par les maharajahs, autrement l'esprit qui les habite hantera les forêts et les jungles.

– On chasse n'importe quel tigre ?

– De nos jours, malheureusement oui, car depuis l'indépendance tout le monde peut tirer des animaux dans ce pays. Les maharajahs qui n'ont pas eu besoin de vendre leurs domaines tuent uniquement les tigres mangeurs d'hommes et de bétail.

– En fait, interrogea la reine, comment va se dérouler la chasse après-demain ? J'ai vu hier un troupeau d'éléphants que l'on astiquait des pieds à la tête. Je présume que je vais chasser à dos d'éléphant depuis le howdah ? C'est, je crois, le nom du panier en osier placé sur leur dos ?

– En effet. Vous-même et le président soviétique aurez certainement l'occasion de tirer les tigres que le maître shikari et son équipe rabattent depuis des jours vers la Grande Clairière. Il ne faudra pas les manquer. Si cela arrivait, le président russe serait dirigé vers un stand de tir situé quelques kilomètres plus loin, où le département des Forêts, sur l'ordre de Mme Gandhi, a déjà fait venir des « tigres de service », si je peux m'exprimer ainsi.

– Qu'est-ce que cela, le tigre de service?

– Si vous le permettez, madame, je vous expliquerai cela plus tard.

– A force de me faire des cachotteries, je ne pourrai plus dormir cette nuit, je vais être affreuse demain...

– Les animaux que vous aurez à affronter dans la jungle appartenant au maharajah sont de redoutables mâles. Le prince Amresh vous dira combien de femmes, d'hommes et d'enfants chacun de ces fauves a tués.

– Je n'ai pas peur. En Afrique, j'ai tiré des bêtes très dangereuses. N'est-ce pas, mon chéri?

Et elle se tourna vers son mari qui confirma d'un signe de tête indulgent.

– Voulez-vous jeter un coup d'œil sur les éléphants que nous allons monter demain? Ils sont parqués dans la Grande Clairière. Vous y verrez Ram-Gopal qui surveille, avec ses adjoints, le travail des singes.

– Des singes..., dites-vous? m'interrompit le roi, qu'est-ce qu'ils font ces singes?

– Ils s'emploient à enlever les immondices laissées par une équipe de télévision japonaise dans la jungle autour de la Grande Clairière.

– Bien sûr, j'aimerais voir tout cela, s'exclama la reine.

– Prenons rendez-vous pour demain matin, juste après le petit déjeuner, voulez-vous?

Je quittai les sympathiques Scandinaves après avoir fixé notre programme pour les jours suivants et me dépêchai d'aller secourir Ram-Gopal aux prises avec les journalistes russes. Mais ceux-ci avaient déjà regagné leurs quartiers aménagés dans une annexe du palais...

Chapitre 19

Le lendemain matin, la brume ne s'était pas encore totalement dissipée, quand Velou m'annonça que le roi et la reine scandinaves m'attendaient dans la jeep qui devait nous emmener à la Grande Clairière. Je leur adressai l'habituel « Comment allez-vous ? »... « Bien, bien », répondirent-ils avant de me submerger de questions.

La reine portait un ensemble de lin blanc, le roi arborait un magnifique casque colonial, couleur kaki. J'ignore où il l'avait trouvé.

– Parlez-nous des singes travailleurs, demanda la reine.

– Ces singes travailleurs sont des bandars, c'est le nom local des macaques à fesses rouges, seule espèce capable de détacher les noix de coco des palmicrs, moyennant une cacahuète pour chaque pièce apportée. Pour la même récompense, ces singes ramassent indifféremment les boîtes de conserve, papiers ou bouts de chiffon jonchant le sol. Les ours et autres animaux apportent eux aussi leur contribution à la chasse de demain. C'est ainsi que vous verrez même un éléphant qui fait le ménage ! En tenant dans sa trompe un balai à brindilles, il efface les traces de pas humains sur les sentiers qu'empruntent les tigres.

– Ils ne sentent donc pas l'odeur de l'homme ?

– Encore une opinion erronée, les tigres n'ont pratiquement pas d'odorat, un avantage pour eux, car leur propre odeur est vraiment exécrable!

La clairière ressemblait à un parc d'attractions, avec ses nombreuses tentes et caravanes au milieu desquelles se dressait une très grande roue en bois, semblable à celle des fêtes foraines mais dépourvue de nacelles. Deux ours y évoluaient côte à côte. Leur poids faisait tourner la roue dont l'axe cranté actionnait la pompe d'un puits alimentant en eau les cabines des sanitaires accolées à la longue tente-pergola qui abritait le « buffet de bienvenue ».

Près du puits, dans de solides loges, d'autres ours attendaient paisiblement le moment de prendre le relais de leurs congénères. Ils avaient beaucoup de succès auprès des infirmières et des médecins russes qui se répartissaient dans plusieurs caravanes, dont une était aménagée en salle d'opération. L'ours indien n'est pas aussi grand que son cousin européen, mais il atteint tout de même les deux mètres.

– Il est très beau avec son plastron de poils blancs en forme de fer à cheval sur la poitrine, remarqua la reine.

– Cette marque, madame, est à l'origine de son nom zoologique d'ours à collerette blanche et à grandes lèvres ou bhalou en hindi, que l'on peut traduire par seigneur. Il n'accepte en effet de travailler pour les hommes qu'à la condition d'être nourri de baies de jujubier et de termites au miel, arrosées d'alcool de palmier...

– Dans des plats en argent, ironisa le roi scandinave.

– C'est presque cela. Il y a cependant une difficulté, observai-je en souriant, les baies de jujubier ne poussent pas partout, il faut parfois les faire venir de très loin...

– Ne me dites pas que le même problème se pose pour les termites, fit la reine, car ici j'ai vu d'innombrables termitières le long des routes.

– C'est exact, mais il est interdit de les détruire pour capturer les insectes. Tous les êtres vivants, si petits soient-ils, sont strictement protégés chez le maharajah Raghoubir.

La reine tenait à être présente lors du changement d'équipe des mammifères, pour assister à leur collation. Elle fut surprise par leur rapidité à avaler la ration d'alcool, sous forme de fruits fermentés, et aussi très amusée de les voir tendre aussitôt leur bol vide vers leurs gardiens.

– Est-il possible de leur offrir un peu de mon cognac? demanda-t-elle à Ram-Gopal qui venait de nous rejoindre. Il n'hésita pas une seconde à donner son accord, pas tellement pour faire plaisir aux ours, mais pour se faire valoir auprès de la reine. Elle le fascinait. Futé, il proposa de vérifier la teneur en alcool du cognac royal pour que « les bêtes ne soient pas trop excitées ». La reine ne fut pas dupe, et lui en offrit dans le bouchon-gobelet de son flacon de poche. A peine Ram-Gopal l'avait-il bu à la manière indienne, c'est-à-dire en laissant couler doucement le cognac du gobelet sur sa langue, que les ours stimulés par le parfum se mirent à ébranler, en grondant, la porte grillagée de leur cage.

– Vous avez affaire, madame, à de fins connaisseurs, observai-je, l'ours, au contraire du tigre, a l'ouïe et la vue faibles, mais possède en revanche un odorat remarquable qui lui permet de détecter n'importe quel nid de fourmis enfoui sous terre.

La ration supplémentaire de fruits au cognac produisit un effet inattendu sur nos deux bhalou : ils se mignotèrent. En les entendant grogner et souffler, tous les animaux rassemblés dans la Grande Clairière commencèrent à leur tour à s'agiter, cette cacophonie étant couverte par les cris perçants des paons dans leurs volières.

– Ces paons, demanda la reine scandinave, ne sont tout de même pas destinés à être rôtis pour le repas des Russes?

– Si le maharajah vous entendait, il serait très choqué! Les paons sont nos sentinelles, et des meilleures, je vous assure. Demain, vous ne les verrez pas car ces guetteurs seront attachés à des arbres au milieu d'herbes touffues dont la couleur ocre se confond avec celle du tigre. Cet oiseau intelligent est le seul capable de le repérer et de le signaler.

– C'est merveilleux, on se croirait à l'école de la jungle, dont le maître serait le maharajah Raghoubir. Cela doit coûter une fortune d'entretenir tous ces animaux, oiseleurs, dompteurs et cornacs compris. Vous rendez-vous compte, mon ami, continua-t-elle en s'adressant à son mari, que l'on donne aux ours des figues macérées dans de la liqueur de noix de coco. Il faudra que j'y goûte...

En arrivant près du camp des éléphants, nous fûmes surpris d'entendre des cris déchirants de poules qu'on étouffe... Nous n'étions pas très loin de la réalité. Elles étaient traînées comme des boulets, attachées à de courtes laisses aux pattes de quatre énormes pachydermes qui s'enfonçaient en file indienne dans la jungle. Heureusement que j'avais assisté dans le passé à de pareils exercices, autrement je n'aurais jamais su rassurer nos illustres invités et leur dire que ces poules sauvages avaient une importante mission à accomplir.

– Je connais, dit la reine scandalisée, des méthodes moins barbares pour attendrir leur chair... Et moi qui pensais que tout le monde ici était végétarien?...

– Il ne leur arrivera rien de fatal, madame, elles y perdront quelques plumes, mais c'est tout. C'est seulement un « truc » de cornac pour habituer les éléphants à ne pas être affolés par le passage entre leurs pattes de toutes sortes d'oiseaux de la jungle. Ces volatiles effrayés par le vacarme des rabatteurs s'enfuient en zigzaguant, en sautillant, parfois jusqu'à s'assommer contre les flancs des pachydermes... Du reste, ces poules vont être libérées et l'on pourra passer à l'étape suivante qui consiste à attacher à l'une des pattes avant de chaque monture un chat sauvage que l'on appelle le djangli-billi. Deux fois plus gros que notre matou français, cet animal au pelage jaune émet un cri rauque semblable à celui du tigre. Après s'être accoutumé à ses sauts et feulements, l'éléphant restera calme lorsqu'il sera attaqué par un vrai fauve. Sans ce dressage il s'enfuirait et les chasseurs seraient éjectés des howdahs comme des pantins.

Nous allâmes voir ensuite les deux pachydermes faisant partie de notre équipe de chasse. Je les connaissais déjà, car c'est sur ces bêtes que naguère la reine mère, Kamala et moi-même faisions des excursions photographiques dans les environs.

On dit que les éléphants possèdent une excellente mémoire. Je me demande si c'est vrai, car Hathini, la plus grande des éléphantes, ne parut nullement me reconnaître; peut-être ne voulait-elle pas exciter la jalousie de son inséparable copine, Bibi-Tchah ou « Feuille de Thé ». Elles s'entendent si bien qu'elles se parlent tout le temps, affirmaient les cornacs...

– Vous y croyez? s'enquit la reine quand je lui présentai ces deux sympathiques animaux.

– Non seulement j'y crois, madame, mais le prince Amresh en est lui-même convaincu, et c'est une référence, car cet homme doute de tout. Leur excellente caste le confirme peut-être dans cette idée. Selon les Écritures, tous les êtres vivants en Inde, y compris les arbres et les pierres, sont répartis en castes. D'ailleurs, le nom complet de l'aînée des éléphantes : Hathini-Bhadra, prouve qu'elle est issue d'une lignée noble. A l'avenir vous pourrez vous en rendre compte en regardant les ongles des éléphants indiens. Les Bhadras ont cinq ongles lisses et blancs sur chaque patte, et les petites taches qu'ils portent sur le front et les oreilles sont également blanches. Jetez maintenant un coup d'œil sur Bibi-Tchah...

– Elle a cinq ongles sur chaque patte antérieure, compta la reine avec beaucoup de sérieux, et seulement quatre sur les postérieures. Ses taches frontales sont brunes...

– Comme la feuille de thé, appelée tchah en hindi, cette dame éléphante n'est pas d'une haute naissance.

– Pourtant ses ongles sont bien blancs.

– Vous savez pourquoi? parce que son cornac les frotte avec des rameaux de nim. Le nim est un arbre de la famille du margousier dont la sève blanchit aussi les dents de tous les Indiens.

– Vous dites qu'il s'agit de deux femelles, mais elles ont de magnifiques défenses. Je croyais que, comme en Afrique, seuls les mâles en avaient?

– En Inde, les femelles de bonne famille éléphantine en ont aussi. Chez Hathini, votre monture, son ivoire a la transparence de l'albâtre et sa peau sent le jasmin...

Elle s'approcha de l'animal.

– D'après moi, Hathini sent plutôt la menthe.

– Les cornacs ont dû la frictionner avec des feuilles de menthe pour éloigner les moustiques. Ils s'emploient aussi à polir les embouts de laiton qui coiffent les pointes sciées des défenses. On les a raccourcies pour qu'elles ne blessent pas au cours des parades la foule qui vient caresser la monture royale porte-bonheur. Bien qu'un éléphant de haute lignée soit généralement destiné à transporter les statues divines, les rois et leur famille, il peut exceptionnellement être monté par les jeunes gens, le jour de leur mariage. On croit en effet qu'en cette circonstance l'hindou devient l'égal des dieux et des rois...

– Quelle taille peut avoir une des défenses de Hathini? demanda le roi scandinave qui, contrairement à son épouse, jugeait les coutumes hindoues assez ennuyeuses.

– Sans la pointe, elle doit bien mesurer un mètre cinquante, estima Ram-Gopal.

– Sont-elles parmi les plus grandes de l'Inde?

– Oh non, les défenses qui se trouvent au palais du maharajah de Patiala mesurent chacune deux mètres cinquante. Incrustées d'argent et d'or, elles supportent de magnifiques lampadaires...

Nous allâmes à la rencontre d'éléphants qui rentraient de leur travail. Certains mangeaient des boulettes de riz, grosses comme des ballons de football. Plus loin, deux mâles, tête contre tête, luttaient trompes enlacées, les défenses de l'un bloquant celles de l'autre. Ils avançaient et reculaient dans les nuages de vapeur que dégageaient tous les pores de leur peau, comme de vieilles locomotives. Au bout d'une heure, leur agressivité faiblit, mais ils continuèrent néanmoins à se battre, toujours encouragés par les barrissements porcins de Hathini et Bibi-Tchah, qui contemplaient le spectacle à l'ombre des arbres bordant la clairière. Dans leur ardeur, les deux grands mâles percutèrent un camion qui déchargeait des noix de coco. Oubliant sur-le-champ leur querelle, ils ramassèrent plusieurs de ces fruits à l'aide de leurs trompes et commencèrent à en bombarder Hathini et Bibi-Tchah, éloignées pourtant d'une vingtaine de pas. Les cornacs, qui jusqu'alors les avaient laissés faire, les stoppèrent net d'un ordre sourd. Les deux éléphants, comme des écoliers pris en faute, pointèrent respectivement leur trompe l'un vers l'autre, tout en poussant des barrissements courts et aigus que l'on pouvait traduire par : « Ce n'est pas ma faute, c'est la sienne ! »

– Mais ils se parlent, s'étonna la reine, dites-moi que je rêve !...

Je lui expliquai que l'éléphant indien, même non dressé, sait faire en dehors de ce bruit si particulier beaucoup de choses étonnantes, notamment projeter divers objets sur des cibles précises. Dompté et dressé, il est capable de comprendre et d'exécuter tous les ordres, de tuer un ennemi, par exemple. Dans le sud, chez le maharajah de Vijayanagar, j'ai vu des éléphants de guerre, l'épée attachée à la trompe, s'exercer sur des mannequins de bois en prévision d'un film relatant leurs exploits, exploits devenus le thème de nombreuses légendes populaires. De nos jours, on les cantonne dans des fonctions utilitaires comme le transport de troncs d'arbres dans les forêts. Cependant très rares sont les maharajahs qui ont les moyens d'entretenir des éléphants de parade. Raghoubir en possède une vingtaine qui sont certainement parmi les plus beaux de l'Inde. Ses cornacs, tous originaires du sud, connaissent leur langage. En stimulant les nilas, les endroits précis et très secrets de la peau de leurs montures, ils déclenchent chez elles toutes sortes de réactions.

– Regardez, madame, ce vieux cornac accroupi au pied du grand mâle. Il connaît soixante-quatre nilas. On dit que c'est le maximum. Il peut transformer en quelques secondes son animal en exhibitionniste.

– Tiens, tiens, fit la reine, tout sourire, demandez-lui de nous le montrer, je ne suis pas prude!

J'en parlai d'abord à Ram-Gopal. Un peu ahuri, il consulta le cornac, qui hocha la tête affirmativement et se leva. En tordant le bord inférieur de l'oreille de l'animal de sa main droite, il racla de la pointe recourbée de son aiguillon un endroit précis situé entre la mâchoire et l'œil. L'effet fut immédiat : le zizi normalement invisible, car entièrement caché dans son ventre, se mit à pointer et à s'allonger, s'allonger, comme les sections d'une longue-vue marine. Le voyeurisme de l'expérience se changea en pure magie lorsque cette colonne de chair toucha l'herbe et s'y faufila comme un serpent... Ce n'était bien sûr qu'une illusion due à l'air vibrant de chaleur, mais tout ce qui touche à l'éléphant semble crédible... Son membre est surnaturel, affirment les hindous, parce qu'il a été façonné par le dieu de la Foudre, Indra.

Lorsque le zizi de notre pachyderme effleura l'herbe, les Indiens baissèrent les yeux en touchant leur front de leurs mains jointes, au contraire de la reine qui ouvrit les siens tout grands d'étonnement.

– Sapristi, s'exclama-t-elle, et, en apercevant la mine un peu crispée de son mari, elle éclata de rire.

Elle dut lui faire une remarque désobligeante car il perdit brusquement son flegme et s'éloigna...

Je me reprochai un peu d'avoir été l'instigateur de ce petit spectacle, car l'ambiance bon enfant de notre promenade s'était évanouie... Fort heureusement, la reine rompit le silence en s'écriant :

– J'ai oublié de faire des photos de Hathini, mon éléphante, je vais retourner à la Grande Clairière avec mon mari. Puisque vous devez voir des journalistes russes, Ram-Gopal nous reconduira au palais...

Que mijotait-elle encore?...

Chapitre 20

Sous les tropiques, l'aube naît aussi brusquement que tombe le crépuscule. La jungle autour de la Grande Clairière s'éveillait de sa léthargie nocturne... La chaleur atteignait déjà trente degrés à l'ombre des arbres, les djakarandas où attendaient nos éléphants déjà harnachés... On avait disposé pour le couple royal des fauteuils cannés devant le pavillon-buffet... Dans un va-et-vient incessant, une vingtaine d'autobus déposaient des hauts fonctionnaires indiens somptueusement vêtus, accompagnés de leurs épouses, des journalistes et des photographes... Ils devaient assister à l'arrivée du Maître du Kremlin, de sa famille et de sa suite...

Voulant rétablir son prestige ébranlé par le refus de Raghoubir de les recevoir officiellement, Indira Gandhi avait triplé le nombre des ministres et des généraux. Pour que cet accueil ait une allure « maharadjienne », elle incita leurs épouses à revêtir leurs saris et bijoux des grandes occasions. Ce ne fut qu'à coups de gratifications que ces quinquagénaires élégants et ces nobles dames d'âge mûr acceptèrent de transpirer héroïquement, pendant quelques heures, par amitié pour l'Union soviétique...

Aussitôt descendus des véhicules, ils s'éparpillèrent et sautillèrent de joie, me sembla-t-il, dans l'herbe qui leur montait aux genoux... Ils en font tout de même un peu trop, me disais-je en les regardant. Ils vont perdre leurs décorations, parures et souliers... Mais je me trompais, ce jeu de cache-cache avait uniquement pour but de satisfaire des besoins très prosaïques. Il fallait faire vite, car des bruits d'avions annonçaient l'arrivée des Russes, et les caméras de la télévision indienne bourdonnaient déjà.

Quand la noria d'hélicoptères se mit à déverser les Soviétiques dans la Grande Clairière, un commentateur s'époumona dans son micro, nous saoulant d'un flot de paroles enfiévrées : « Nos amis soviétiques sont accueillis chaleureusement par deux cents représentants du fabuleux pays des Rajahs avec, à leur tête, le prince Amresh du Rajasthan dont les ancêtres descendent du Soleil... »

Stoïquement seul, avec une incomparable dignité, Amresh, vêtu d'une redingote en lamé or, la tête coiffée d'un turban rouge à aigrette blanche, s'avança au bord du tapis et, au nom du maharajah Raghoubir, salua les Soviétiques, la main au turban. Il fut aussitôt rejoint par le gouverneur de la province et par notre vieille connaissance, l'ambassadeur russe, dont le costume bleu était tellement constellé de médailles en forme d'étoiles qu'il ressemblait à une carte du ciel. Les ministres délégués de Mme Gandhi, brahmanes en majorité, portaient des redingotes grises et étaient coiffés de calots blancs qu'ils retenaient d'une main de crainte qu'ils ne s'envolent dans les tourbillons d'air provoqués par les pales des hélicoptères. Le président soviétique croyant qu'il s'agissait d'une salutation locale se mit à se taper sur la tête à plusieurs reprises, imité par sa famille et sa suite, ce qui fit sourire les Indiens, et ces sourires décrispèrent un peu la solennité de l'accueil.

Flattés par le nombre des dignitaires endimanchés, le Maître du Kremlin et ses ministres continuaient imperturbablement de se frapper la tête tout en foulant le tapis rouge qui les conduisait vers une tente-pergola, longue d'une centaine de mètres et parfumée de senteurs exotiques émanant des innombrables spécialités indiennes du buffet. Le nez au ras de ces délices, les Russes défilaient sans oser y toucher, intimidés sans doute par la centaine de serviteurs enturbannés placés, selon la coutume indienne, derrière les tables, côte à côte et au garde-à-vous.

– Ils sont magnifiques avec leurs ceintures et leurs turbans de différentes formes et couleurs, me dit le roi scandinave. Qui sont-ils ?

– Ils viennent de la capitale, ce sont les maîtres d'hôtel de restaurants hindou, musulman, sikh, parsi, français, italien, russe, avec leurs spécialités commandées par Mme Gandhi.

Tandis que nous nous arrêtions devant un des buffets, je leur conseillai de s'abstenir de toucher eux-mêmes aux plats, car ils risquaient de les souiller. Si l'on plonge par exemple une cuillère prise par inadvertance dans un plat de viandes, dans des légumes, ceux-ci deviennent définitivement souillés et sont jetés à la poubelle par le serveur, obligatoirement végétarien, responsable de ce plat. En tant qu'hindou, il ne touchera à aucune préparation faite de chair, celle-ci étant servie exclusivement par un musulman.

Entre-temps, les Soviétiques s'étaient rués sur les buffets. C'était à croire qu'à Delhi Mme Gandhi, pour les apitoyer et obtenir d'eux un prêt important, leur avait fait servir une nourriture d'ascètes, car ils avaient l'air affamés.

Entre deux amuse-gueule, l'ambassadeur russe présenta le Maître du Kremlin et sa famille aux souverains scandinaves. On ne se serra pas la main, on se contenta à la manière anglaise d'un petit sourire et d'une inclinaison de la tête.

– Monsieur, fit la reine avec une moue hautaine, je suis la petite-nièce du dernier tsar.

– Je suis très honoré, madame, répondit poliment le

Russe, visiblement impressionné... Nous avons, paraît-il, nos emplacements de tir côte à côte, alors entre chasseurs... Acceptez-vous, madame, de porter un toast à nos futurs succès ?

Après quelques vodkas, et au grand étonnement des officiels indiens, on vit le Maître du Kremlin baiser la main de la reine. Emporté par son élan, il faillit même baiser la main du roi. Non sans anxiété, je me demandai si, tout à l'heure, dans les hautes herbes, ils seraient capables de distinguer entre les tigres et les très nombreux rabatteurs qui suivaient les fauves depuis des jours. Euphoriques, ils s'apprêtaient à chanter, quand des oiseaux criards s'engouffrèrent dans la pergola, voletant au-dessus de leurs têtes dans une sorte de ballet à plumes, pour enfin venir se poser sur les épaules d'un Indien moustachu, le grand oiseleur.

Il n'en fallait pas plus pour épater les gens. Même les plus éméchés des Russes se taisaient. Il faut dire que le spectacle des mainates était vraiment extraordinaire, car c'étaient des mainates, articulant leur mystérieux cri : « ra-dio, ra-dio » à l'oreille du grand oiseleur. Celui-ci récompensait chaque oiseau de quelques graines avant de traduire leurs messages à Amresh qui s'adressa aussitôt aux chasseurs.

– Les mainates signalent deux tigres venant dans notre direction. Nous avons à peine une heure pour gagner nos positions de tir.

Constatant l'ébahissement du couple scandinave et des Russes, il leur expliqua que les mainates qu'ils venaient de voir faisaient partie du groupe d'oiseaux relâchés tôt ce matin, pour observer la progression des tigres, appâtés depuis des jours par une venaison malodorante. « Leur odorat est très faible, ajouta-t-il, mais attention, l'ouïe et la vue dont ils sont dotés sont exceptionnelles. Les pisteurs et les rabatteurs n'ont pas le droit de parler entre eux, ni même de tousser. Maintenant ils vont se rattraper, car je viens de donner l'ordre de déclencher la battue. Il faut que je vous dise que ce ne sont pas les mainates qui ont repéré les fauves, mais les paons apprivoisés que mes oiseleurs avaient attachés aux arbres à différents endroits de la jungle. Le paon pousse un cri particulier dès qu'il voit un tigre. C'est ce signal qu'attendaient impatiemment les mainates pour prévenir leur maître et... recevoir leurs graines favorites.

– Alors que se passe-t-il à présent dans la jungle? demanda la reine à Amresh, dans son anglais hésitant.

– La jungle résonne de toutes sortes de bruits. Nous ne les entendons pas encore, mais les rabatteurs se déchaînent, frappent sur leurs tambours, actionnent leurs crécelles et soufflent dans leurs flûtes et conques. Ils sont suivis par des devins dont la tâche est de faire virevolter des bannières bleu et rouge, afin de détourner les mauvais esprits de nos lieux de tir, puis par des enfumeurs de dingaras, abeilles sauvages, et par des charmeurs de moustiques.

Encouragé par l'intensité du regard de la reine, il continua en souriant :

– Si d'aventure, madame, un essaim incontrôlé était en vue, asseyez-vous rapidement au fond du howdah et couvrez-vous la tête avec la moustiquaire que vous y trouverez. Mes enfumeurs d'abeilles ont déjà passé les environs au peigne fin, mais on ne sait jamais... Ces précautions prises contre ces dingaras peuvent vous paraître ridicules, mais on dit ici que ce ne sont pas les fauves les plus dangereux, mais les abeilles sauvages. Elles n'ont de respect pour personne : votre illustre oncle, le duc de Windsor, faillit en mourir quand il vint chasser dans cette région...

Ce préambule achevé, Amresh invita les chasseurs à monter sur leurs éléphants, conformément aux préséances. En tant qu'aide de camp et interprète de la reine, je lui conseillai d'attendre que fût avancée une échelle roulante. Mais d'un air complice, elle me confia :

– Je veux monter à la manière de Jane, l'épouse de Tarzan, en prenant appui sur la patte avant de l'éléphant...

Puis, sans tenir compte de mon avis, elle se dirigea vers l'endroit où se tenaient nos montures et celles des Russes, encadrées par leurs agents de sécurité qui étaient en train de vérifier chaque caisse de boissons en passe d'être chargée sur les éléphants.

J'ai assisté à maintes chasses officielles aux tigres, organisées pour des rois et des présidents. Les mesures de sécurité étaient à chaque fois très importantes, mais celles appliquées aujourd'hui pour le Maître du Kremlin et sa suite étaient sans commune mesure avec tout ce que j'avais pu voir jusque-là. Leurs services secrets avaient rehaussé et blindé les howdahs qu'ils avaient même pourvus de ceintures de sécurité semblables à celles des automobiles. Ils avaient fouillé les pagnes et les turbans des cornacs. En apercevant la reine scandinave s'approcher d'une caisse déposée près d'un éléphant et y prendre une bouteille, un agent russe la rejoignit en trois sauts, et lui demanda la permission d'en inspecter le contenu. La reine refusa catégoriquement, ce qui souleva le premier incident diplomatique.

– Vous croyez que c'est un cocktail Molotov? Alors regardez!

Elle dévissa la capsule et but une large rasade, provoquant au grand dépit du policier l'hilarité générale et par là même un élan de sympathie de la part des invités. Elle était devenue leur vedette. Son sex-appeal et son costume très hollywoodien y contribuaient largement. La couleur jaune de ses bottes de cuir s'harmonisait parfaitement avec le noir de ses jodhpurs et le beige de sa chemisette moulant avantageusement sa poitrine. Ce ne furent pas uniquement ces beaux appas qui attirèrent la sympathie des Soviétiques, mais aussi ce qui déformait les poches de son pantalon : des flasques de cognac. Dès cet instant, les Russes, grands buveurs comme chacun sait, lui pardonnèrent tout...

Hathini, la monture de la reine, l'observait de ses minuscules yeux bruns et, comme si elle voulait la complimenter pour son attitude cavalière de tout à l'heure, lui adressa un petit sourire... Oui, je sais, on me rétorquera que les animaux ne sourient pas. C'est vrai en Occident, mais en Inde tout le monde est convaincu qu'une éléphante sourit aux enfants et aux belles dames... C'est même la seule chose dont mon fils Jean-Noël se souvienne de son premier séjour en Inde. Il était alors âgé de quatre ans. Il donna une banane à un éléphant de trait, et celui-ci, affirma Jean-Noël, lui avait souri, et mieux encore lui avait fait un clin d'œil...

La reine scandinave, jouant son rôle de star hollywoodienne jusqu'au bout, s'approcha de Hathini comme pour la remercier de sa complicité, lui toucha l'oreille et lui dit : « Baï-th, baï-th, baï-th... » Elle tapa ensuite le sol du pied gauche, par deux fois, et au grand ébahissement non seulement des moujiks mais au mien, Hathini s'assit docilement...

Ce n'était pas vrai ! J'avais des visions ! Comment avait-elle fait ? Sans plus s'occuper de qui que ce soit, la reine monta sur la patte de Hathini, escalada son flanc, attrapa le bord du howdah, l'enjamba d'un saut gracieux, se tourna vers nous, et de la main nous invita à suivre son exemple. Que faire d'autre ? Ram-Gopal, chargé des fusils, et moi de mes appareils photo n'avions qu'à nous exécuter et nous installer sur le banc placé derrière son fauteuil canné. Mais son numéro était loin d'être fini ! Elle fit signe à notre mahout de monter et de prendre sa place sur le cou de l'animal, puis elle s'égosilla : « Maa-il ! maa-il ! »

Hathini se souleva en trois temps, comme à l'habitude, et se mit en route. À peine avait-elle fait quelques pas que notre belle intrépide lança un nouvel ordre : « Dhat, dhat ! stop, stop. » C'est le seul mot du langage des éléphants dont je me souvienne. L'animal s'arrêta pile. Alors, jetant un coup d'œil triomphant sur les spectateurs, elle lui parla d'une voix caressante : « Da-ley, da-ley », et Hathini repartit... Les Russes applaudirent, imités par tout le monde.

Le premier à revenir de sa stupeur fut Amresh, qui critiqua en hindi et en anglais le non-respect des préséances, tandis que nous nous éloignions en direction de notre endroit de tir... J'interrogeai Ram-Gopal sur ce qui venait de se produire, mais avant qu'il ne me répondît la reine dit en français :

– Ce n'est pas sa faute. Je n'allais tout de même pas me laisser ravir la première place qui m'était due ! Hier, après votre départ, aidée bien sûr par Ram-Gopal, j'ai pris des leçons avec le mahout et c'était très, très amusant. Mais mon numéro n'est pas terminé... Vous n'avez encore rien vu...

Que pouvait signifier cette dernière phrase ? Mes pensées furent interrompues par la sonnerie du radiotéléphone qui nous reliait au maître de cérémonie.

– Transmettez mes compliments à Son Altesse la Reine ! Un grand bravo à vous également ! Mais quel grand cachottier vous faites...

Ainsi, il croyait que j'avais tout manigancé...

Je fis part de ses compliments à la reine, mais elle resta muette. Debout, comme une figure de proue, elle était en train d'admirer la jungle... Soudain, sans se retourner, elle se mit à parler :

– Vous savez que, de tous les animaux indiens, c'est l'éléphant que j'aime le plus. C'est lui, le vrai roi des Indes... Tout à l'heure, je regardais les hauts fonctionnaires indiens sortir du pavillon-buffet dans la Grande Clairière. Ils ressemblaient à des mannequins habillés par les fabricants de soieries, de bijoux, et je me disais : comme cette Inde est fragile et factice... Cette impression bascula à partir du moment où je me suis installée sur le dos de Hathini. J'eus le sentiment d'être sur une autre planète, sur un roc en forme d'éléphant survolant la jungle en silence, car je n'entendais même plus le bruit de ses gigantesques pas dans l'herbe. De ma vie, je n'ai connu pareil sentiment de sécurité ! Je me répète, pour moi, ce n'est pas la vache, ni le tigre qui devraient représenter ce pays, mais l'éléphant uniquement...

Chapitre 21

Les hautes herbes s'entrouvrirent brusquement sur un tigre qui bondit dans l'espace découvert. A la vue de nos éléphants formant deux remparts en demi-lune, de l'autre côté de la clairière, il s'aplatit à l'ombre des fourrés, à l'affût.

Son apparition si soudaine nous prit de court, sauf la reine scandinave qui, sans perdre une seconde, visa et tira. Le félin fit un grand écart, rugit et se tapit à nouveau. Je criai : « Non! arrêtez, madame! » Trop tard, un deuxième coup partit. Le tigre se rua de notre côté vers la brèche qui séparait nos deux groupes et disparut...

Sa fuite déclencha le réveil de nos radiotéléphones. Lc maître de cérémonie engueula Ram-Gopal d'avoir donné un fusil à la reine, alors qu'elle n'avait pas le droit de tirer avant le président soviétique. On entendit d'ailleurs, de loin, sa voix de baryton vitupérer en russe contre ses aides de camp et ses traducteurs... Chez les ministres indiens, c'était la consternation totale... En revanche, les rabatteurs, convaincus de la mort du fauve, jubilaient... Le bruit de leurs tambours et des crécelles précipita dans la clairière une petite antilope. Les Russes, furieux de l'affront qu'ils venaient de subir, canardèrent la pauvre bête zigzaguant vers nous... « Vite, vite, hurlai-je à la reine, accroupissezvous dans le fond du howdah ! On tire sur nous ! » Mais le charivari s'arrêta net et le silence retomba sur la jungle.

La reine, nullement impressionnée, tendit son fusil à Ram-Gopal pour qu'il le recharge. Elle le vérifia, puis, visiblement contente d'elle, sortit de la poche de son pantalon sa flasque de cognac et en but une gorgée.

Mon téléphone grelotta à nouveau. Amresh m'annonçait qu'un deuxième tigre se dirigeait vers nous, et me demandait de faire en sorte que la reine laissât tirer le président soviétique. « Heureusement qu'elle a manqué le premier, ajouta-t-il, autrement ça aurait fait un incident diplomatique ! » Je traduisis à la reine ses paroles, mot pour mot.

– Je ne l'ai pas manqué, fit-elle tranquillement, j'ai tiré volontairement à côté. Je ne voulais pas que les Russes le tuent ! C'est tout.

– Mais alors, madame, qu'allez-vous faire quand le deuxième et le troisième tigre apparaîtront ?

– Pareil !

– Mais...

– Il n'y a pas de mais, dites-le au maître de cérémonie ! En ce qui concerne l'incident diplomatique, je le réglerai avec Indira Gandhi, quand je retournerai à Delhi.

Quel sacré caractère ! Ram-Gopal n'avait pas exagéré lorsque, à ma descente d'avion, il y a quelques jours, il m'avait fait le portrait de cette femme. Toujours est-il qu'étant sous ses ordres nous ne savions vraiment pas quelle attitude adopter. Fort heureusement, Amresh rapprocha son éléphant du nôtre et lui réitéra sa demande avec les politesses protocolaires. Je tus ce qu'elle venait de nous confier, et je fis bien, car dès qu'un deuxième tigre sortit des fourrés, elle tira à nouveau en l'air et la bête nous contourna sans se laisser voir...

Le président soviétique, au bord de l'apoplexie, refusa toute conciliation et immédiatement décida de se rendre, avec sa suite, à l'endroit où le département indien des Forêts avait regroupé les « tigres officiels ». Cependant, avant de nous quitter, il chargea son officier d'ordonnance d'un billet pour la reine. Dès qu'elle vit le militaire s'approcher de nous à pied, elle tira à côté de lui. Instinctivement il porta la main à son étui de revolver mais, se ressaisissant, se tourna vers le président, pour guetter sa réaction. Celui-ci, résigné, lui enjoignit de revenir et, sans nous jeter un seul coup d'œil, donna l'ordre à son groupe de partir...

– Ils m'horripilent, tous ces moujiks, déclara la reine d'un air excédé, en se dirigeant vers le palais, suivie par Ram-Gopal...

Quant à moi, je grimpai sur l'éléphant d'Amresh et je lui donnai tous les détails. Tandis que nous essayions de rejoindre les Russes, je me demandais comment allait se terminer cette chasse officielle, car il ne restait au président russe que deux heures avant son départ en hélicoptère pour Delhi.

En arrivant sur le nouvel espace de tir, nous nous plaçâmes en arrière de leur groupe par politesse, car le déroulement de la chasse était désormais sous le contrôle des fonctionnaires du département des Forêts qui avaient caché dans la jungle leurs animaux en cage. J'espérais que, pour plaire aux Soviétiques, ils n'avaient pas trop excité leurs fauves.

Ce fut hélas le cas des trois tigres qui surgirent menaçants à la lisière, côte à côte comme sur une scène.

– Pourvu qu'ils ne se mettent pas à chanter en chœur, observa Amresh, l'œil amusé.

Nos trois félins firent face au groupe compact des pachydermes. Deux seulement s'arrêtèrent et feulèrent, le troisième continua à marcher vers le président soviétique.

– Ma parole, il va l'embrasser, fis-je, voulant imiter l'esprit de mon compagnon, mais le Russe à ce moment-là pressa la détente...

Indifférents à la mort héroïque de leur congénère, les deux autres tigres progressèrent à leur tour de quelques pas, marquèrent un temps d'arrêt puis, par un bond magistral, firent demi-tour et s'évanouirent dans les fourrés.

– On ne les retrouvera plus.

– Erreur, mon cher, observa Amresh. Prenez les jumelles et suivez bien leur trajet dans l'herbe. Tenez ! en voilà un ! Il vient d'être touché par la flèche anesthésiante d'un des rabatteurs. Ceux-ci feront de même pour le second, et sans que personne les voie, ils les remettront sans bruit en cage. A leur place ils relâcheront une autre paire de tigres auxquels ils auront administré de la viande opiumisée truffée de petites épines qui les empêcheront de s'assoupir. C'est de cette façon qu'ils préparent les animaux depuis des générations. J'espère qu'ils ne relâcheront pas de vieilles bêtes de cirque édentées et à la peau élimée...

Cela en avait pourtant l'air, car peu de temps après le président eut encore deux beaux mâles et ses ministres tirèrent chacun le leur.

Avant d'attacher leurs dépouilles à de solides gaules de bambou, les rabatteurs les brossèrent et enduisirent leur toison d'huile de noix de coco pour les rendre photogéniques et aussi, à mon avis, pour faire partir les mites ! Ils les placèrent au pied de la monture du président qui les surveillait du haut de son howdah blindé. C'est à cet instant que débouchèrent des jeeps avec les équipes de TV indienne et russe, envoyées pour les interviews sur le vif. On se mit à mesurer, face aux caméras, comme il se devait, la taille des trophées depuis le bout du nez jusqu'à l'extrémité de la queue.

– Comptez les bêtes, me chuchota Amresh, il y en a deux de plus, les lecteurs de la Pravda pourront s'extasier devant les prouesses de leur Maître.

C'est normal, pensai-je, depuis qu'ils organisent des chasses officielles, les Indiens sont passés maîtres dans cet art. Soucieux du prestige de leurs hôtes de marque, ils font toujours suivre les chasseurs par un camion-frigo chargé de tigres surgelés.

Pourquoi les grands de ce monde, maîtres de nos destinées, éprouvent-ils le besoin insatiable de fixer sur la pellicule la mort du tigre, et pourquoi se font-ils ensuite photographier à côté de sa dépouille ? Ils devraient savoir, rien qu'en lisant Kipling, que pour plaire aux sahibs les tigres « éduqués » sautent, zigzaguent, feignent d'être mortellement blessés... simulent la mort...

Le président et ses ministres quittèrent la Grande Clairière comme ils étaient venus, en se frappant la tête, contents, car ils avaient eu leurs trophées en quelques heures, mais un peu déçus de ne pas avoir vu de maharajahs... A peine les hélicoptères avaient-ils disparu que les singes éboueurs se mirent au travail pour réhabiliter la jungle. Ils étaient suivis de près par une armée de brahmanes qui, traversant de part en part la clairière, purifiaient l'air des démons de la mort, en l'inspirant par la narine gauche et en l'expulsant par la droite...

Des mois plus tard, j'ai raconté cette chasse soviétique à Alain Bombard, passionné comme chacun sait par la protection des animaux. Je lui demandai si Georges Clemenceau chassait dans sa jeunesse.

– Pas du tout.

– Comme les hommes changent... Sais-tu qu'il est venu en Inde à l'âge de quatre-vingt-un ans, donc deux ans avant sa mort, pour « tirer le tigre » et se faire photographier avec la pauvre bête dans la pose du « Grand Chasseur Blanc »...

– Ça alors... Peut-être lui fallait-il cette photo pour la montrer à saint Pierre et justifier son surnom...

Chapitre 22

Les souverains scandinaves complétèrent leur collection de bijoux anciens en achetant le fameux collier de rubis et de diamants que convoitaient les plus grands joailliers du monde. Content de la transaction et appréciant le comportement de la reine pendant la chasse, le maharajah Raghoubir eut l'obligeance, non seulement de leur faire visiter l'aile indienne du palais, mais encore de les guider personnellement. Il poussa l'amabilité jusqu'à se laisser précéder d'un demi-pas par le roi scandinave, honneur exceptionnel que celui-ci ne semblait pas mesurer, ne s'arrêtant pas de temps à autre pour laisser Raghoubir le rattraper.

La reine, eu égard à ses illustres origines, qui la situaient à un rang supérieur à son mari, aurait dû normalement être en tête de notre groupe, mais elle ne parlait pas bien l'anglais et Raghoubir ne maîtrisait pas suffisamment le français. Aussi se « déclassa »-t-elle pour m'avoir à ses côtés comme traducteur. Bien entendu, je ne pouvais pas devancer son mari, ni le maharajah. C'est donc à leur suite que nous marchions, passant devant les appartements des épouses du maharajah, de sa fille et des autres membres de sa famille, traversant des patios à l'abondante végétation où se tenaient des astrologues, prêtres et domestiques. Ils nous saluaient tous, baissant la tête, plus ou moins vite et plus ou moins bas, selon l'importance de leur charge à la cour.

La reine, malgré son désir de s'attarder avec les femmes, suivit pour une fois mes conseils. Elle ne prêta pas plus d'attention qu'il ne fallait à l'hommage des locataires, ne toucha pas les enfants, et n'hésita pas à marcher sur les saris que les servantes étalaient sous ses pas pour les garder comme talismans...

– Mais, ce palais est immense! s'écria-t-elle, il est plus grand que Versailles. On ne le dirait pas de l'extérieur.

– En effet, les pièces sont plus nombreuses qu'à Versailles, mais pas aussi grandes, ni aussi belles, elles sont pratiquement dépourvues de meubles. Tout le monde vit ici au niveau du sol, sur des tapis, des coussins et des bancs-coffres très bas...

Je lui révélai, à sa grande stupéfaction, que, bien que connaissant le maharajah depuis un quart de siècle, je n'étais jamais venu dans cette partie du palais. La fonction de « conteur » que j'exerçais jadis avec succès auprès de lui ne me permettait pas d'entrer au sein de cette aile.

Nous traversions des salles secrètes remplies de vaisselles, de porcelaines fines, d'argenterie et d'orfèvrerie anciennes, notamment de très célèbres encensoirs, brûleurs et vases à parfums qui servaient à l'occasion de toutes les réceptions et banquets. Dans une pièce-couloir étaient alignés sur une étroite et longue table une vingtaine de bols de tailles différentes en or, en vermeil et en argent. Certains étaient sertis de pierres précieuses. « On dirait des coupes à sorbet », observa le roi scandinave sans s'arrêter. Le maharajah ne corrigea pas, mais en vérité il s'agissait de crachoirs. Je détournai l'attention de la reine en lui signalant que nous étions à proximité de la salle où, dans quelques heures, aurait lieu la réception en son honneur... A peine avais-je terminé ma phrase qu'elle s'empara d'un ravissant petit crachoir en forme de calice serti de rubis, et dans son anglais hésitant déclara à Raghoubir qu'elle serait heureuse de pouvoir y boire au cours de la réception.

Raghoubir en resta sans voix car la reine tenait dans ses mains l'objet favori de son grand-père, considéré comme une relique par toute la cour. Je dus user de beaucoup de tact pour le lui reprendre, et lui en proposer un autre. Bien que semblable à une gemme près, c'était en réalité un rince-doigts qu'elle accepta avec bonheur... Ouf!

Fort heureusement, Raghoubir comprit la situation et, malgré sa timidité, lui offrit son bras pour lui faire quitter la salle. Ce geste, déjà rarissime en Inde, m'étonna si vivement que je faillis en laisser tomber le crachoir. Raghoubir étant un dieu vivant, sa peau ne pouvait être touchée par aucune personne, à l'exception d'un membre de sa famille, et encore... De plus, il faisait très chaud ce jour-là et la reine scandinave transpirait beaucoup dans sa robe de lin qui, par chance, était à manches longues. Sa peau n'entrerait donc pas en contact avec celle du maharajah, qui restait toujours conscient du danger de souillure. Étant très économe, j'étais sûr qu'il calculait dans son for intérieur la somme qu'il serait obligé de donner aux prêtres pour effacer chaque goutte de sueur scandinave sur son épiderme sacré.

La visite terminée, j'allai voir la reine mère, et lui racontai notre visite et le coup de cœur qu'avait eu l'Européenne couronnée pour le crachoir du grand-père, puis pour le rince-doigts. D'autorité, elle me dit qu'elle allait faire le nécessaire pour que la coupe, remise à neuf, soit placée le soir même sur l'assiette de la reine.

– Est-il vrai qu'elle boive? questionna-t-elle songeuse. Elle doit être bien malheureuse. Mon fils l'a bien compris quand il lui a offert son bras... Nous aussi, Vitold, nous sommes parfois obligés de faire des choses dangereuses...

Le soir de la réception, resplendissante dans sa toilette parisienne, notre reine trouva à côté de son assiette, enveloppé dans un brocart d'or, « son calice ». Très émue et ravie tout à la fois, elle le tendit au sommelier qui le remplit d'un sorbet spécialement préparé pour elle, puis après avoir porté un toast de remerciement en français, elle se mit à manger tranquillement, en jetant de temps à autre des regards languissants à son mari... Celui-ci, étonné, profita de cette trêve inespérée pour prendre la parole et décrivit avec passion sa collection d'anciens bijoux indiens. Il parla des cérémonies au cours desquelles on les portait, mais je me rendis compte qu'il ignorait le côté poétique et surnaturel des pierres précieuses.

Je jetai un coup d'œil vers la reine mère assise à ses côtés. Ses yeux gris n'exprimaient ni dédain, ni supériorité, mais une grande lassitude... Je me rappelais alors ce qu'elle m'avait dit un jour : « Les Européens qui viennent chez nous pour acheter nos trésors n'arrêtent pas de parler de nos coutumes, mais les méconnaissent totalement. »

Hormis ce petit intermède, tout s'était bien passé et, quelques jours plus tard, quand ce très sympathique couple nous quitta, toute la famille royale commença à le regretter, moi y compris...

Chapitre 23

31 octobre 1984

Dans la salle du restaurant d'une petite ville du nord de l'Inde où j'étais en train de déjeuner, la musique à la radio brusquement s'arrêta. On annonçait la mort du Premier ministre Indira Gandhi. Pensant avoir mal compris, je questionnai l'aubergiste. Il me confirma la nouvelle : Indira venait d'être assassinée à Delhi par ses gardes sikhs.

J'écoutai avec incrédulité les interviews des membres de sa famille, des ministres et des personnalités qui n'évoquaient nullement la vie de cette femme exceptionnelle, mais s'inquiétaient de savoir si avant de mourir elle avait pu prononcer le nom de Rama...

Le lendemain, plus aucun doute ne subsistait dans mon esprit, tous les journaux titraient : « Indira Gandhi n'a pas eu le temps d'appeler Rama, son âme n'ira pas au paradis, espérons qu'elle ne renaîtra pas dans le corps d'un être maléfique... »

La religion hindoue détient le record mondial du nombre de divinités, trente-trois millions. Mais, hormis Shiva, le dieu ascète, c'est Vishnou sous l'aspect d'un prince jeune et bon, Rama, qui est le plus vénéré des femmes et des hommes. Il les protège tout au long de leur vie terrestre et au moment de la Grande Détresse, comme on appelle si joliment l'instant de la mort, il suffit qu'ils prononcent son nom pour que Rama vienne et guide leur âme vers le paradis de l'Au-delà.

Ce n'est pas la mort que craignent les hindous, mais le fait de rendre le dernier soupir avant d'avoir eu la force d'appeler ce dieu. Sans son aide, leur âme se perdrait dans l'Océan de l'Indifférence au risque de renaître dans le corps d'un chien, d'un chat ou, pire, d'une chauve-souris, animal dans lequel s'incarne la femme qui se sert à manger avant son mari. Cette offense est si grande que leur âme peut même s'incarner dans un moustique...

« Mais alors, demanda, au commencement du monde, Vishnou à son rival Shiva ; les femmes incarnées dans des moustiques ou dans d'autres êtres détestables ne pourront plus jamais être pardonnées ?

– Mais si, mon cher Vishnou, il suffira que toutes ces créatures viennent se purifier dans mon fleuve, le Gange... »

Raghoubir, que je retrouvai le lendemain, ne commenta pas cet événement. Il passait plus de temps que nécessaire dans ses serres auprès de ses basilics, et comme d'habitude leur parlait, ou plutôt continuait à monologuer en admirant cette plante qui représentait sur terre, le lecteur le sait déjà, Lakshmi, la femme de Vishnou, son arrière, arrière-grand-mère... Je me tenais à la porte de la serre auprès du mahamali, le chef jardinier, et d'Amresh qui voulait avoir sa réponse à la demande du Gouvernement : Raghoubir assisterait-il à l'incinération publique d'Indira ? Nous attendions là, un peu par curiosité, car nous savions que cela n'était pas possible. Indira lui avait fait trop de mal. Raghoubir ne leur répondit même pas. L'Océan de l'Indifférence n'avait pas été inventé pour rien. Amresh, sur l'ordre de Raghoubir, interdirait seulement d'allumer les postes de télévision du palais, le jour de la retransmission de la cérémonie funèbre...

Chapitre 24

On raconte que le Paradis se trouve tout à l'ouest de l'Inde dans la presqu'île du Saurastra, à Dwarka, là où le soleil Vishnou se couche chaque soir... Son huitième « fils », Krishna, choisit cette région pour y créer le Royaume Parfait dans lequel les animaux étaient sacrés. Il fonda les premiers hôpitaux pour les soigner, et le roi Açoka, l'un de ses descendants, qui régnait au IIIe siècle avant notre ère, établit pour les protéger des lois qu'il fit graver sur les rochers. Ces lois sont toujours respectées et, grâce à elles, le lion – qui jadis peuplait toute l'Asie – y vit toujours.

L'histoire du Saurastra est l'histoire d'une Inde miniature. Ce pays de légendes, romances, lieux sacrés et aventures extraordinaires était, il y a quarante ans, composé de deux cent vingt-deux royaumes, petits et grands. La plupart étaient très bien administrés et étonnamment modernes; l'éducation, les soins médicaux y étaient gratuits et les impôts, sinon supprimés, du moins très légers. Puisque la superficie du Saurastra est égale à celle de la Belgique, je me demandais comment autant de royaumes pouvaient y trouver place, et y vivre aussi heureux? On m'expliqua que le Créateur avait formé cette presqu'île pour y faire naître des hommes exceptionnels, et pour les convaincre que les dieux eux aussi peuvent aimer la Terre : il y fit mourir Krishna.

Mais, me demanderez-vous, les dieux ne sont-ils pas

immortels? Bien entendu, surtout en Inde; excepté toutefois Krishna, qui fut le seul dieu hindou à éprouver toutes les passions humaines. Son sang divin lui assurait uniquement la jeunesse éternelle. Un jour, alors qu'il jouait de la flûte sur une branche de son arbre favori, un aborigène le prit pour un paon, à cause de sa couronne ornée des plumes de cet oiseau, et le tua d'une flèche.

Depuis lors, ce lieu est devenu un centre de pèlerinage aussi célèbre que Bénarès, de même que le petit lac, le gopitalao où il se baignait avec ses amantes, les bergères ou gopis. Il en avait seize mille cent huit... Les Écritures sont formelles sur ce nombre. Raghoubir en est lui-même convaincu et me parla des Sages qui savaient par cœur le nom de plusieurs centaines d'entre elles... « Comme pour les favorites de Louis XIV, ajouta-t-il, dont les enfants fondèrent des familles devenues illustres, en Inde les enfants des amantes de Krishna fondèrent de nombreuses dynasties, notamment au Saurastra. Krishna était un homme à femmes. Ne savez-vous pas, Vitold, que le Mahatma Gandhi, fils d'un chambellan à la cour du maharajah de Porbandar, rêva toute sa vie d'avoir autant de succès sentimentaux que ce dieu? »

La religion hindoue consacre tous les excès quand ils perdurent... Krishna, bien qu'il ait eu huit épouses régulières, est le don Juan divin, vénéré surtout en tant qu'infatigable amant. Son frère Balarama, par son penchant pour la boisson, est le dieu des ivrognes, et son cousin Rama, persuadé de la fidélité inébranlable de son unique femme, est l'idole des cocus heureux...

Cependant, les lois religieuses sont très strictes quant à la moralité des épouses des trois principales castes : celle des prêtres, des nobles et des commerçants. En revanche, ces lois ne se préoccupent pas de la conduite des femmes de la caste des artisans ou shoudra, pour lesquelles le sacrement du mariage n'est pas obligatoire; seul un arrangement familial défini par les coutumes de chaque profession suffit. Les femmes de médecins, agriculteurs, chauffeurs ou pilotes, ceux qui côtoient constamment la mort des êtres vivants, peuvent dans certaines régions du Saurastra divorcer autant de fois qu'elles le désirent. Toutefois, chez les gens de plume, indifférents à la fidélité conjugale – avocats, acteurs, écrivains (mis à part les poètes) – les épouses sont même libres de devenir courtisanes sans que l'honorabilité de leurs maris en souffre...

Alors pourquoi cette presqu'île idyllique est-elle pratiquement inconnue en Occident ? me demandèrent à l'unisson la doctoresse et Jean-Noël. Parce que les quelque deux cents royaumes qui la composent ont très rigoureusement surveillé leurs frontières, conservant ainsi presque intactes leurs coutumes, leurs langues et leur musique, en un mot leur très ancienne civilisation.

Raghoubir, avant d'atteindre Dwarka, but suprême de son voyage, dut souvent s'arrêter quelques heures dans les capitales de nombreux royaumes pour saluer leurs maharajahs, les populations anxieuses de l'avenir, et nous permettre, à Jean-Noël et à moi-même, de filmer et photographier les monuments dont ils étaient fiers.

Depuis 1971, date de l'éviction des maharajahs et de la nationalisation à la russe de leurs biens, le chômage, alors inconnu, s'installait partout : on ne réparait plus rien...

Raghoubir devait rester à Dwarka plusieurs jours pour honorer de sa présence les cérémonies commémoratives dans le temple principal, qui, selon la légende, fut bâti par ses ancêtres en une journée, et dont il est l'un des plus grands donateurs. Si les temps avaient changé, ses admirateurs, eux, lui étaient restés fidèles et étaient venus l'acclamer en grand nombre. La limousine et les voitures de sa suite s'immobilisèrent à l'endroit convenu d'avance avec le préfet local. Aussitôt une garde d'honneur se constitua, composée des plus anciens habitants de la région, les agriculteurs-soldats, les waghirs, des hommes à l'allure martiale arborant des moustaches aux pointes relevées, privilège de la noblesse d'épée. C'est dans le tumulte de leurs cris enthousiastes et du bruit des sabres tirés plusieurs fois de suite hors des fourreaux, que Raghoubir s'approcha de son sanctuaire ressemblant par sa hauteur et la finesse de sa tour à une fusée sur sa rampe de lancement...

Raghoubir était vêtu d'une soyeuse tunique blanche sans col, fermée dans le dos et entièrement constellée de fleurs aux corolles brodées de fil d'argent et au cœur piqué de petites perles de la baie de Dwarka, dont l'orient blanc azur a fait la renommée de la ville. Je n'essayai pas de les compter, sachant d'avance qu'il y en avait trois cent trente-trois. Ce vêtement, cadeau de bienvenue de notre hôte le maharajah de Jamnagar, faisait sensation. Le maharajah Raghoubir avait préparé lui aussi un cadeau surprise à ses fidèles qui le dévoraient des yeux. Son collier n'avait plus que six rangs de perles au lieu des sept habituels symbolisant les sept lieux sacrés de l'Inde, y compris Dwarka. La mémoire des Indiens pour les bijoux est phénoménale. Raghoubir leur faisait comprendre de cette façon élégante qu'il avait offert le septième collier à leur temple...

Chapitre 25

De passage à Bombay, j'appris qu'Amresh venait d'être hospitalisé dans cette ville. Je m'empressai de lui rendre visite car, atteint d'une maladie incurable, ses jours étaient comptés. Ma venue lui fit très plaisir. Nous avons bavardé du passé, de l'émancipation de l'Europe de l'Est qu'il connaissait très bien. Il voulut s'excuser de son attitude d'autrefois : « Un maître de cérémonie ne peut pas être mou »... et il enchaîna en souriant : « Malgré cela, toujours bhaï ? toujours frère ?

– Bien sûr, bien sûr, Amresh-bhai.

Durant notre entretien, il me revint à l'esprit un détail.

– Amresh, faites-moi l'amitié de répondre à deux questions qui me tiennent à cœur.

– Tout ce que vous voudrez ! Vous savez, maintenant...

– Vous rappelez-vous, c'était l'année du pèlerinage à Hari-dwar, sur la route vous vous êtes arrêté devant un vieux couple et un enfant. La femme portait un fourneau éteint qu'elle a déposé devant vous, vous sembliez embarrassé, pourquoi ?

– Je me souviens d'eux. L'épouse de cet ancien soldat du régiment de Raghoubir nous suppliait d'intervenir personnellement pour que leur soient rendues leur maison et leur terre, les seuls biens faisant partie de sa dot. Elle me disait que les nouvelles autorités leur avaient menti en affirmant que Raghoubir n'était plus le roi et qu'il avait abandonné les hommes qui s'étaient battus vaillamment sous ses ordres. Alors, voyez-vous, j'ai eu des scrupules à lui révéler la destitution des maharajahs et j'ai menti moi aussi. Je lui ai assuré que Raghoubir était toujours leur roi, mais qu'il ne pouvait plus rien faire pour eux car, très malade, il allait prendre un bain rituel dans le Gange...

Amresh s'interrompit, essoufflé d'avoir autant parlé, puis reprit : « Cette femme admit alors que sans la justice du maharajah, ce n'était plus la peine de vivre pour elle et son mari et demanda, respectant la coutume des agriculteurs-guerriers djats, que leur petit-fils, orphelin, soit adopté par le maharajah. Vous souvenez-vous, Vitold, du Monte Cassino ? Les djats sous mes ordres s'y sont battus magnifiquement. Ils étaient les plus fidèles compagnons des régiments sikhs, français et polonais. En dépit de sa destitution, Raghoubir a toujours été très attentif au sort de ses sujets et, une fois encore, il fut touché par la détresse du couple. Comme vous avez pu le voir, il est sorti de sa voiture et a accepté de prendre en charge l'enfant, qui est à présent dans une école militaire. Mais je n'ai pas fini, à mon tour de vous poser une question. Vous m'avez bien dit que vous étiez au Monte Cassino avec vos frères et cousins ? Ont-ils eu la même chance que vous d'en réchapper ?

– Malheureusement pas tous : mes cousins furent tués non loin de l'endroit où périrent vos soldats-agriculteurs djats. J'ai reconnu la médaille du Monte Cassino dans le mouchoir du vieil homme. Vous comprenez maintenant ma curiosité.

– Je le verrai bientôt là-haut, au paradis, ha ! ha ! ha ! alors je lui dirai « hello » de votre part...

Je le saluai d'un signe de la main et quittai sa chambre. J'étais, sans vouloir me l'avouer, très ému en descendant l'escalier en marbre blanc de cette clinique, autrefois un des hôtels particuliers de Raghoubir qu'il avait fait transformer en centre médical pour les officiers de son régiment. Plusieurs personnes attendaient dans le hall l'heure de la visite.

Auprès du bureau d'accueil se tenait une Européenne. Je la reconnus immédiatement : Claire Davier, dont je n'avais plus de nouvelles depuis l'époque de son brusque départ de la cour de Raghoubir. Ne m'ayant pas encore aperçu, je me demandais si je devais passer sans la saluer. Ma bonne éducation l'emporta, j'allai lui dire bonjour. Nullement surprise, elle me tendit la main : « Comment allez-vous, Vitold ? Je suis heureuse de vous revoir. Comment se porte la Normandie ? » Puis sans attendre ma réponse, elle continua : « Avez-vous vu Amresh ? Comment est-il aujourd'hui ? Je lui ai préparé une visite surprise... » Elle se tourna vers un groupe d'enfants assis sur le banc et appela une petite Indienne d'une dizaine d'années.

– C'est Sakountala, ma fille, j'ai suivi les conseils d'Amresh et les vôtres. Je l'ai adoptée, son ambition est de devenir médecin comme moi !

Mon regard se portait alternativement sur Claire et sur la petite fille.

– Tu veux donc être médecin, Sakountala ?

– Sakountala a perdu ses parents dans la triste explosion de Bhopal où elle est née. Elle ne parle pas français, mais commence à le comprendre. Elle vit avec moi à Bombay, car je tiens à ce qu'elle soit éduquée et instruite en Inde.

– Vous travaillez donc à Bombay ?

– Amresh ne vous a rien dit ? Quel cachottier ! Je suis un des médecins de cette clinique depuis plus d'un an. Grâcc à lui, le maharajah Raghoubir et sa mère m'ont offert ce poste.

– Mais c'est magnifique, j'en suis très content. Je n'espérais pas d'aussi bonnes nouvelles aujourd'hui, après avoir vu Amresh... A son propos, quel est votre diagnostic ?

– Évidemment son état est sérieux, mais vous connaissez son caractère. Il refuse les rayons, de peur de perdre ses cheveux. J'ai beau lui dire que ce sera passager, il n'y a rien à faire. Il ne veut pas décevoir ses visiteuses... Elles ne cessent de lui apporter des douceurs... Mais vous-même, que faites-vous à Bombay ? Ne me dites pas que vous êtes venu de Paris spécialement pour voir Amresh ?

– Pas uniquement. Je me rends avec mon épouse et mon fils Jean-Noël dans le sud de l'Inde, à Trichour, où a lieu annuellement début mai, donc dans quelques jours, une sorte de plébiscite opposant les deux plus grands dieux de l'Inde. Raghoubir y soutiendra son ancêtre, Vishnou.

– Vous, alors, vous me faites marcher à chaque fois.

– C'est sérieux, des millions d'hindous participent au jugement des dieux à Trichour.

– Trichour... Ce nom me dit quelque chose...

– Récemment le pape Jean-Paul II a rehaussé de sa présence la fête concurrente organisée par les Indiens catholiques, très, très nombreux dans le Sud.

– Il faut croire que je ne suis pas une bonne chrétienne, car je n'étais pas au courant de cet événement. J'ai pourtant entendu ce nom, Trichour, mais je ne me souviens pas à quelle occasion.

– Moi je sais, Velou, mon serviteur, y est né.

– Mais oui, ce bon vieux Velou, est-il avec vous?

– Il a pris sa retraite depuis l'année dernière dans un village, à proximité de Trichour; j'irai le voir, bien sûr.

– Vitold, je pense à quelque chose, Sakountala et moi devons prendre quelques jours de vacances, pourquoi ne pas les passer ensemble? Je voudrais tant voir Raghoubir et lui présenter la petite...

– Ce serait formidable. Laissez-moi le prévenir ainsi que mon épouse et mon fils, ils m'attendent à l'hôtel...

Chapitre 26

Raghoubir, sa famille et leur cour s'installèrent à Trichour dans le palais de l'ancien souverain situé non loin du temple principal. L'hindouisme du Sud étant beaucoup plus austère que celui du Nord, les brahmanes, pratiquement tous issus d'une lignée appelée Namboudri, se considèrent comme les égaux, en ancienneté et en pureté, des plus prestigieux maharajahs. Leur crainte d'être souillés par notre présence était si grande que Raghoubir nous fit réserver des chambres dans l'unique « gratte-ciel » de la ville, un hôtel-restaurant d'une dizaine d'étages appartenant à une famille catholique. Mon fils était ravi car de sa fenêtre au dernier étage il voyait la place du temple où allaient s'affronter les dieux, le lendemain.

Le propriétaire de l'hôtel, flatté de recevoir chez lui un rajah catholique d'ascendance polonaise, nous souhaita la bienvenue avec un plateau de fruits locaux et deux tickets d'entrée sur la terrasse de l'hôtel, pour la fête. Il parlait l'anglais avec l'accent du Texas où il avait fait ses études, et en avait même gardé les manières. Ne nous avait-il pas annoncé que chacun des tickets qu'il nous offrait valait cent dollars, en nous précisant qu'une centaine avaient déjà été vendus, autant que sa terrasse pouvait supporter de spectateurs.

Le soir même, les festivités commençaient par une gigantesque veillée devant le grand temple appelé « les Trois Toitures du Monde », abritant la divinité protectrice de la ville, Shiva Vada-Koun-Path, ou Shiva Créateur de la Vie. Deux millions de fidèles arrivés de toutes parts étaient déjà rassemblés sur le parvis, ce qui était de bon augure pour le lendemain, journée capitale, où l'on prévoyait que le double assisterait au face-à-face de ces deux divinités, trônant sur leurs éléphants et entourés de leurs suites.

En attendant ce moment, une file ininterrompue de fidèles se pressaient devant leur dieu favori pour faire une offrande en argent et en guirlandes de fleurs par l'intermédiaire des filles de notables qui en paraient les effigies. Nous avions réussi, grâce à des lettres d'introduction et surtout à la présence de mon épouse, à être invités par la famille d'une de ces hôtesses du temple, une étudiante de dix-sept ans, Anandi. C'était pour moi l'occasion exceptionnelle de filmer l'habillement rituel d'une jeune fille participant à cette cérémonie importante. Afin de ne heurter ni ses sentiments ni les coutumes familiales, ses parents fixèrent l'heure favorable pour apprêter la jeune Anandi. Pour éviter les commérages, la grand-mère fut priée d'assister à cette séance de prise de vues.

Pendant que Anandi s'habillait simplement et sans fausse pudeur, ses parents me posaient des questions sur la France, voulant surtout savoir s'ils verraient un jour leur fille sur les écrans de la ville. Anandi s'était vêtue d'un magnifique sari rouge, la taille soulignée par sa dot, un large ruban d'or pur qu'elle devra mettre en évidence au cours de chaque cérémonie, jusqu'à son mariage. Sans la « présentation » de cette dot, une jeune fille de la caste des commerçants est considérée comme très laide.

Un à un, les bijoux traditionnels complétaient sa toilette, des colliers et bracelets, des bagues aux doigts des mains et des pieds, puis une boucle étincelante dans la narine gauche. Sa famille étant peu fortunée, une grande partie des bijoux avaient été prêtés par des amis. Sa mère, aidée par l'une de ses tantes, couvrit d'un plastron de fleurs sa longue chevelure, qu'aucune jeune fille ne doit ce jour-là exposer devant les divinités... Enfin prête, Anandi alla s'agenouiller devant sa grand-mère. Celle-ci, très émue et fière, appliqua légèrement de son index droit la pâte sacrée de vermillon et de cendre de santal sur les endroits vulnérables du corps; le front, la gorge, les yeux, la bouche. Elle souhaitait ainsi à sa petite-fille que les splendeurs et les richesses qu'elle allait voir n'éveillent pas en elle l'envie, la jalousie, la fascination et la peur. La vieille dame savait bien que la compétition divine qui allait se dérouler aujourd'hui, avec son étalage de richesses, dans le vacarme des pétards et les ovations de la foule, risquait de l'étourdir à jamais...

L'or devait être omniprésent. Pour l'hindou, ce métal est le symbole de la justice, de la perfection et de la puissance. Quant aux éléphants, ce sont les vivants exemples des richesses célestes. C'est pourquoi le Créateur leur confia la tâche de surveiller la répartition équitable des pluies de la mousson.

Nous suivions Anandi dans le temple. Avec une grâce juvénile, elle se dirigeait vers les statues qu'elle saluait avec dévotion, puis, leur tournant le dos, elle allait accueillir les fidèles apportant leur don. Elle les remerciait d'un mouvement de la tête de gauche à droite, ce merveilleux remerciement indien souvent considéré par les Occidentaux comme un refus...

Dans l'annexe du temple, je dénombrai quatorze éléphants magnifiquement harnachés, ceux-là mêmes destinés à encadrer le quinzième, le plus grand et le plus beau, la monture de la divinité. Leurs chanfreins d'or venaient d'être polis, ils étincelaient. Les motifs en relief, en forme de boules grandes et petites, représentaient les planètes et les étoiles naviguant dans le ciel...

Je pus avec Jean-Noël, grâce à Raghoubir, entrer dans le sanctuaire dont il est le bienfaiteur. La popularité de son ancêtre allait être jugée d'après le nombre et la somptuosité des ombrelles qui y étaient déposées dans le plus grand secret, sévèrement gardées jusqu'au dernier moment. Nous ne pouvions les photographier, car à Trichour, comme ailleurs, on est convaincu que chaque prise de vue enlève une partie du rayonnement des objets offerts aux dieux.

Il n'y aura pas de joutes entre les animaux, mais un spectacle de danse. La foule jugera la valeur des tissus précieux, la qualité de l'or, les roulements de tambours des dévots, la science des artificiers à faire exploser au bon moment le plus grand nombre de pétards.

Les déflagrations commencèrent en rafales à l'aube du premier jour, provoquées par des artificiers locaux d'une grande renommée. La foule les enserrait de tous les côtés malgré les efforts des policiers municipaux pour préserver un périmètre de sécurité. L'Inde du Sud adore les pétards qui, dit-on, éloignent les démons de la peste. Depuis des temps immémoriaux, la crainte des épidémies hante les organisateurs de la cérémonie de Trichour. Pour les tranquilliser, les autorités religieuses annoncèrent bien avant la Grande Fête que mille pétards seraient tirés durant les deux jours de liesse par douze artificiers. Elles citaient même leurs noms et les mutilations qu'ils avaient subies pendant leur apprentissage, critères de leur expérience aux yeux du public.

Nous arrivâmes à nous joindre au cercle d'admirateurs de Sidlinga, célèbre maître artificier, manchot, âgé de soixante ans, dont la poitrine était criblée de cicatrices. Il surveillait ses deux élèves en train de garnir de poudre noire une cinquantaine de pots en fonte, de forme conique et hauts de trente centimètres. Ils les enterraient à moitié et les reliaient, trois par trois, à une mèche. Le maître, tenant fièrement de sa main valide une torche allumée, à l'instar du coureur des jeux Olympiques, galopait en zigzaguant entre les pétards, les allumait et... BANG!...

Les spectateurs intrépides voulant profiter de plus près du souffle purificateur s'approchaient des pétards au fur et à mesure que les déflagrations s'accéléraient. A la cinquième charge, je vis trois femmes, les yeux brillants d'émotion, serrant contre elles leurs bébés qui pleuraient et toussaient sans arrêt, s'avancer vers le maître artificier, le frôlant presque ; et celui-ci de les laisser faire... Le souffle de l'explosion chasserait-il le démon de la toux ? La foule surexcitée se refermait autour de Sidlinga, lorsque des policiers intervinrent pour la repousser de plusieurs pas. Ce va-et-vient dura des heures, tandis que le maître, imperturbable, continuait son tir...

Une particularité très comique du short des policiers retint notre attention. Jean-Noël éclata même d'un rire tonitruant. Ce n'était pas leur longueur qui en était la cause, mais les protubérances extraordinaires qui pointaient de chaque côté de la braguette, au niveau des poches.

Nous apprîmes par la suite qu'un général anglais créa au siècle dernier cette coupe de short qui permettait à ses soldats de loger dans chaque poche une volumineuse grenade. La police locale, non seulement en avait conservé l'ampleur et les plis, mais les avait rendus, par un savant empesage, encore plus agressifs. Lorsque ces représentants de l'ordre se mettaient en rang pour contenir les pèlerins étrangers à la ville, ceux-ci s'enfuyaient comme s'ils avaient devant eux des surhommes ayant des cornes dans leurs culottes.

Heureusement, le barrissement des éléphants sacrés annonça l'approche des deux divinités. Leurs cortèges apparurent en même temps sur le parvis et avancèrent majestueusement en file indienne au rythme des grelots attachés aux pattes des éléphants, du son des trompettes et du battement des tambours des hérauts. Chaque groupe de quinze éléphants s'arrêta devant la porte du temple où l'attendaient les brahmanes pour souhaiter la bienvenue aux divinités trônant sur les deux éléphants principaux. L'honneur de Shiva était défendu par son épouse la belle Parvati. Nous savons déjà que les dieux hindous sont immatériels, n'ont ni visage ni corps, mais qu'après être descendus sur terre ils revêtent toujours les traits d'une de leurs incarnations. Parvati, dont l'image pour la circonstance était en or massif, représente l'énergie de son époux Shiva. Vishnou, quant à lui, lui oppose Krishna, sa huitième incarnation, jeune berger jouant de la flûte, personnifiant la joie de vivre dans la nature...

On compta et recompta les ombrelles et les pétards tirés en l'honneur de chaque concurrent pendant des heures. Pour que le spectacle soit plus corsé, les deux cortèges se faisant vis-à-vis avançaient, reculaient, changeaient de place. Tandis que je filmais du haut de la terrasse, avec à mes côtés mon épouse, la doctoresse et sa fille totalement subjuguées par le spectacle, Jean-Noël déambulait au milieu de la foule avec la deuxième caméra. Non sans mal, il essayait de fixer le moment de la rencontre de l'éléphant de Krishna avec celui de Parvati, portant chacun un panneau sur lequel était fixée leur image divine ciselée en or sur un fond d'étoiles également en or, enguirlandée de fleurs de jasmin et d'oranger.

Enfin, le jury composé des maharajahs et des brahmanes déclara Parvati « Énergie de Shiva », plus puissante divinité de l'Inde... Shiva et son épouse reçurent près de trois tonnes d'or, en lingots et bijoux, ainsi qu'une centaine d'ombrelles royales dont les couleurs exprimaient les sentiments de la foule... admiration, dévotion, fidélité... C'était en quelque sorte un sondage à la manière indienne, car dans ce pays, plus on croit en son dieu, plus on lui fait d'offrandes...

Sur le parvis la belle Parvati trônait sur son éléphant, protégée à présent par l'ombrelle rouge chamarrée de paillettes d'or fin et de perles, trophée de sa victoire. Sakountala, comme toutes les petites hindoues, adorait cette déesse, reine de l'Himalaya et patronne des jeunes filles. Elle était si contente du succès de Parvati, son idole, qu'elle décida de manger ce jour-là uniquement des bananes, fruit favori de la déesse...

Tout le monde jubilait. C'était un très bon présage pour l'avenir du pays. Shiva et Parvati sont des divinités combattantes et énergiques, portant chance, même leur éléphant en était fier. Il regarda Sakountala, mon épouse, la doctoresse, puis son regard s'arrêta sur moi et il fit un clin d'œil à ma caméra...

L'Inde des paradis perdus

Normandie, janvier 1990

Alors que je suis en train de terminer mon récit, les stations de radio ne cessent d'annoncer la faillite des régimes marxistes européens dirigés par des clans familiaux. Je ne peux m'empêcher de penser à la chute d'une autre grande famille, celle des Gandhi. Rajiv Gandhi, en effet, a été écarté du pouvoir...

Ne serait-ce pas l'annonce de la résurrection des Paradis Perdus ? Quel dommage que Yadavindra de Patiala ne soit plus là...

Cet ouvrage a été réalisé sur
Système Cameron
par la SOCIÉTÉ NOUVELLE FIRMIN-DIDOT
Mesnil-sur-l'Estrée
pour le compte des Éditions Laffont
le 20 avril 1990

Imprimé en France
Dépôt légal : mai 1990
N° d'édition : 32531 – N° d'impression : 14222